清史論集

（二十七）

莊 吉 發 著

文史哲學集成
文史哲出版社印行

國家圖書館出版品預行編目資料

清史論集 / 莊吉發著. -- 初版. -- 臺北市 : 文史哲，
民 106.11-
　　頁；　公分. -- (文史哲學集成；703)
　　含參考書目
　　ISBN 957-549-110-6 (第一冊：平裝) .--ISBN957-549-
111-4(第二冊) .--ISBN957-549-166-1 (第三冊) . --ISBN 957-
549-271-4 (第四冊) .-- ISBN957-549-272-2(第五冊) .--ISBN
957-549-325-7 (第六冊).--ISBN957-549-326-5 (第七冊) --
ISBN 957-549-331-1(第八冊).--ISBN957-549-421-0(第九冊)
.--ISBN957-549-422-9(第十冊) .--ISBN957-549-512-8(第十一
冊)-- ISBN 957-549-513-6(第十二冊) .--ISBN957-549-551-9
(第十三冊).--ISBN957-549-576-4(第十四冊)-- ISBN957-549-
605-1(第十五冊) .-- ISBN957-549- 671-x (第十六冊) ISBN 978-
957-549-725-5(第十七冊) .--ISBN978-957-549-785-9(第十八
冊) ISBN978-957-549-786-6 (第十九冊 ISBN978-957-549-
912-9 (第二十冊) ISBN978-957-549-973-0 (第二十一冊) --ISBN
978-986-314-035-1 (第二十二冊:) -- ISBN978-986-314-138-9
(第二十三冊) -- ISBN978-986-314-257-7 (第二十四冊) -- ISBN
978-986-314-321-5 (第二十五冊) -- ISBN978-986-314-338-3
(第二十六冊) -- ISBN978-986-314-396-3(第二十七冊:平裝)

1.清史　2.文集

627.007　　　　　　　　　　　　　　106021480

文史哲學集成　703

清史論集(二十七)

著　　者：莊　　　　吉　　　　發
出 版 者：文　史　哲　出　版　社
　　　　　http://www.lapen.com.tw
　　　　　e-mail：lapen@ms74.hinet.net
登記證字號：行政院新聞局版臺業字五三三七號
發 行 人：彭　　　　正　　　　雄
發 行 所：文　史　哲　出　版　社
印 刷 者：文　史　哲　出　版　社
臺北市羅斯福路一段七十二巷四號
郵政劃撥：16180175　傳真 886-2-23965656
電話 886-2-23511028　　　886-2-23941774

實價新臺幣四二○元

民 國 一 ○ 六 年（2017）十 二 月 初 版

清 史 論 集

（二十七）

目　　次

出版說明

　　我國歷代以來，就是一個多民族的國家，各民族的社會、經濟及文化方面，雖然存在著多樣性及差異性的特徵，但各兄弟民族對我國歷史文化的締造，都有直接或間接的貢獻。滿族以非漢部族入主中原，建立清朝，參漢酌金，一方面接受儒家傳統的政治理念，一方面又具有滿族特有的統治方式，在多民族統一國家發展過程中有其重要的地位。在清朝長期的統治下，邊疆與內地逐漸打成一片，文治武功之盛，不僅堪與漢唐相比，同時在我國傳統社會、政治、經濟、文化的發展過程中亦處於承先啟後的發展階段。蕭一山先生著《清代通史》敘例中已指出原書所述，為清代社會的變遷，而非愛新覺羅一朝的興亡。換言之，所述為清國史，亦即清代的中國史，而非清室史。同書導言分析清朝享國長久的原因時，歸納為兩方面：一方面是君主多賢明；一方面是政策獲成功。《清史稿》十二朝本紀論贊，尤多溢美之辭。清朝政權被推翻以後，政治上的禁忌，雖然已經解除，但是反滿的情緒，仍然十分高昂，應否為清人修史，成為爭論的焦點。清朝政府的功過及是非論斷，人言嘖嘖。然而一朝掌故，文獻足徵，可為後世殷鑑，筆則筆，削則削，不可從闕，亦即孔子作《春秋》之意。孟森先生著《清代史》指出，「近日淺學之士，承革命時期之態度，對清或作仇敵之詞，既認為仇敵，即無代為修史之任務。若已認為應代修史，即認為現代

所繼承之前代，尊重現代，必不厭薄於所繼承之前代，而後覺承統之有自。清一代武功文治，幅員人材，皆有可觀。明初代元，以胡俗為厭，天下既定，即表彰元世祖之治，惜其子孫不能遵守。後代於前代，評量政治之得失以為法戒，乃所以為史學。革命時之鼓煽種族以作敵愾之氣，乃軍旅之事，非學問之事也。故史學上之清史，自當占中國累朝史中較盛之一朝，不應故為貶抑，自失學者態度。」錢穆先生著《國史大綱》亦稱，我國為世界上歷史體裁最完備的國家，悠久、無間斷、詳密，就是我國歷史的三大特點。我國歷史所包地域最廣大，所含民族份子最複雜。因此，益形成其繁富。有清一代，能統一國土，能治理人民，能行使政權，能綿歷年歲，其文治武功，幅員人材，既有可觀，清代歷史確實有其地位，貶抑清代史，無異自形縮短中國歷史。《清史稿》的既修而復禁，反映清代史是非論定的紛歧。

歷史學並非單純史料的堆砌，也不僅是史事的整理。史學研究者和檔案工作者，都應當儘可能重視理論研究，但不能以論代史，無視原始檔案資料的存在，不尊重客觀的歷史事實。治古史之難，難於在會通，主要原因就是由於文獻不足；治清史之難，難在審辨，主要原因就是由於史料氾濫。有清一代，史料浩如煙海，私家收藏，固不待論，即官方歷史檔案，可謂汗牛充棟。近人討論纂修清代史，曾鑒於清史範圍既廣，其材料尤夥，若用紀、志、表、傳舊體裁，則卷帙必多，重見牴牾之病，勢必難免，而事蹟反不能備載，於是主張採用通史體裁，以期達到文省事增之目的。但是一方面由於海峽兩岸現藏清代滿漢文檔案資料，數量龐大，整理公佈，尚需時日；一方面由於清史專題研究，在質量上仍不

夠深入。因此，纂修大型清代通史的條件，還不十分具備。近年以來因出席國際學術研討會，所發表的論文，多涉及清代的歷史人物、文獻檔案、滿洲語文、宗教信仰、族群關係、人口流動、地方吏治等範圍，俱屬專題研究，題為《清史論集》。雖然只是清史的片羽鱗爪，缺乏系統，不能成一家之言。然而每篇都充分利用原始資料，尊重客觀的歷史事實，認真撰寫，不作空論。所愧的是學養不足，研究仍不夠深入，錯謬疏漏，在所難免，尚祈讀者不吝教正。

　　本書由國立中正大學博士班林加豐同學、中國文化大學博士班簡意娟同學打字排版，原任駐臺北韓國代表部連寬志先生、國立臺灣師範大學碩士班趙冠中同學協助校對，並承文史哲出版社彭正雄先生的熱心支持，在此一併致謝。

二○一七年十月　莊吉發謹識

穿旗袍的民國婦女
（《北洋畫報》）

從《清史稿》的纂修看
旗人與國家制度

一、《清史稿》的纂修體例

　　我國歷代修史，講求體例。錢穆先生（1895-1990）《國史大綱》已指出，我國是世界上歷史體裁最完備的國家，悠久、無間斷、詳密，就是我國歷史的三大特點[1]。有清一代，疆域廣大，民族複雜。清朝政府能統一國土，能治理人民，能行使政權，清朝歷史確實有其地位。清朝是我國歷代以來最後一個朝代，清史的纂修，就是我國歷代正史紀傳體中的最後一個階段。以傳統紀傳體纂修清史，具有時代意義。清朝國史館暨民初清史館在纂修《明史》的基礎上仿《明史》採傳統體例纂修清史，有傳承，也有創新。貶抑清朝歷史，否定傳統體例，無異自行縮短我國歷史。

　　《清史稿》纂修清代歷朝本紀，採長編體，一帝一紀，自成系統，以本紀為綱，以志傳為目。帝紀但載大綱，其詳俱分見各志傳。國史館黃綾本本紀，俱譯成滿文本。易代之際，曲筆不免。建州衛為清朝祖先始封衛名，清史館纂修《建

1　錢穆，《國史大綱》，收入《錢賓四先生全集》（臺北：聯經出版事業公司，1993），冊 27，引論，頁 21。

州表》，上、下共二冊，詳載建州三衛設置經過[2]。探討女真民族，追溯旗人歷史，不能忽略建州表。已刊《清史稿》取清太祖努爾哈齊（nurgaci，1559-1626，1616-1626 在位）起兵前建州三衛事蹟可考見者，以阿哈出（生卒年不詳）、王杲（？-1575）為之綱，亦附同時並起者，著於篇，冠於列傳之首[3]，頗合體裁。

　　《明史》志七十五卷，為目十五，一從舊例。曆志增以圖，藝文志著述以明人為斷，稍變舊例。清朝國史館纂修清史志書，沿襲《明史》舊例，惟以「曆」字避清高宗弘曆（1711-1799，1736-1795 在位）御名諱，改曆志為時憲志，藝文志惟載清人著述。藝文志中旗人著述，有其特色。清史館改五行志為災異志，併儀衛志於輿服志，另增交通、邦交、國語等志。《國語志》的纂修，最能凸顯清史的特色。

　　清朝大學士，沿明舊名，分為滿、漢兩途，內閣實權，卻遠不逮明。六部尚書、侍郎，滿、漢並列，先滿後漢，有滿尚書、漢尚書，滿侍郎、漢侍郎。都察院分置承政滿左都御史、漢左都御史、參政滿左副都御史、漢左副都御史。

　　奉天、寧古塔、黑龍江、右衛、烏里雅蘇台、伊犁、綏遠、熱河、察哈爾、烏魯木齊、庫倫、科布多、塔爾巴哈台、喀什噶爾、哈密、喀喇沙爾、阿克蘇、烏什、葉爾羌、和闐、西寧、西藏等各邊設將軍、都統、辦事大臣、參贊大臣，多以旗人充任。

　　充分掌握滿、漢文檔案，方能纂修《清史稿》武職職官

2　《建州表》，冊上、下，未刊，臺北：國立故宮博物院藏。

3　清史稿校註編纂小組編纂，《清史稿校註》（臺北：國史館，1986），冊 10，卷 228，〈列傳九〉，頁 7866。

志、內務府等志書。讀史最難解的，是正史中的志書，修史難度較高的也是志書。《清史稿》職官志四，含武職及藩部土司各官。在武職中侍衛處、圓明園八旗、內務府三旗護軍營，領侍衛內大臣，鑲黃、正黃、正白旗各二人，由散秩大臣、都統、滿大學士、滿尚書內特簡。鑾輿衛，掌衛事大臣，以滿、蒙王公大臣兼授。各武職人員，多由旗人充任。內務府總管大臣，由滿洲大臣內特簡。咸安宮官學管理事務大臣，由內務府大臣內特簡。協理大臣，由各部院滿漢尚書內特簡。繙譯教習，由八旗滿、蒙、漢軍舉貢生監考充。旗人在武職及內務府等職位上扮演了更重要的角色。

　　《明史》表十三卷，為目凡五，諸王表五卷，功臣表三卷，外戚表一卷，宰輔表二卷，俱從舊例。七卿表二卷，為新創體例。清朝國史館纂修宗室王公功績表傳、外藩蒙古王公表傳、國史貳臣表傳等，有表有傳，俱屬創新體例。凡以軍功始封之王公，皆人自為篇。外藩蒙古回部王公表傳，以一部落為一表傳，其有事實顯著王公，即於部落表傳之後每人立一專傳，並以滿、漢、蒙古字三體合繕成帙。凡旗人建功端委，傳派親疏，可按表傳而稽。《清史稿》軍機大臣年表、交聘年表，清史館總理衙門年表等，俱為新增年表，可以反映國家制度的變遷，以及旗人在歷史舞臺上所扮演的角色。

　　我國歷代以來，二十二家之史，從未有以貳臣為表傳者。乾隆年間，國史館奉命將曾仕明朝降清後復膺官爵諸臣，別樹專門，另立貳臣表傳，釐為甲、乙二編，各分上、中、下，以修史體例褒貶人物，史無前例。清史館纂修《清史稿》，淡化處理降人，廢貳臣等名目，以人物生卒先後，列事作傳。貳臣傳中李永芳（？-1634）入甲編中，馬光遠（？-1663）入

乙編上。已刊《清史稿》將李永芳、馬光遠入於大臣列傳十八，與佟養性（？-1632）、石廷柱（1599-1661）、李思忠（1595-1657）、金玉和（？-1644）等並列，傳末論贊謂皆蒙寵遇，各有賢子，振其家聲云云，堪稱公允。

盛清諸帝重視開國元勳、開國功臣列傳的體例，以類相從，按照功臣事蹟先後，分別太祖、太宗、世祖等朝，以決定次第，並非以功績分次第。宗室王公功績表傳是纂輯宗室有勳績的王公，即以軍功封爵者纂輯表傳，以恩封襲爵者，另作恩封宗室王公表。有傳無表者，乃因其人有事蹟可以表彰；有表無傳者，乃因其人無足置議。清史館延續歷代正史紀傳體的修史傳統纂修《清史稿》，確實是正確的途徑。

列傳的意義，就是列事作傳，將其人一生事實臚列作傳。掌握歷史舞臺上的人物，才能掌握歷史活動。旗人在清朝歷史舞臺上扮演重要角色，掌握旗人的活動，才能凸顯清史的特色。《滿洲名臣傳》對探討旗人與國家制度，提供重要史料。皇史宬所藏《八旗列傳檔案稿不分卷》，共 10 冊，所錄八旗人物，俱書明旗分、姓氏，詳述事蹟。例如〈都敏列傳〉，記載「都敏，滿洲鑲紅旗人，姓他塔喇，先世居扎庫沐地。曾祖阿爾布尼，天聰初年，率丁三百來歸，授世管佐領」[4]云云。八旗列傳對於整修清史，用處頗大，經過校注、增補，即可成為定稿。

---

4 《清內務府八旗列傳檔案稿》（北京：全國圖書館文獻縮微複製中心，2001），冊上，頁33。

聖祖仁皇帝第二子

允礽

允礽第三子弘晉第六子弘曣第
十二子弘晥皆輔國公自有表

初立為皇太子
康熙四十七年
九月廢黜綠秉性乖張
五十一年三月復立為
皇太子五十一
年十月復廢黜雍
正二年十二月
恩不憿綠帖
薨追封和碩理
親王謚曰密
二子弘晳

弘晳

康熙六十一年
十一月奉
音賜封多羅理郡王
雍正八年五月晉
封和碩理親王
乾隆四年十月以
罪削宗室改名
四十六以親弟弘曣襲爵止不端黜宗室
四十三年
特貢復入宗室復原名

弘曣

承襲王爵
永瓊

允礽第十子乾
隆元年二月封
被輔國公四年
音龍封多羅理郡王
四十五年八月
薨第一子永瓊
降襲貝勒
初次承襲王爵
永瓊

永瓊

次三降襲貝勒
乾隆四十五年
十二月降襲多
羅貝勒

追封和碩理親王允礽漢字表
《恩封宗室王公表》武英殿刊本

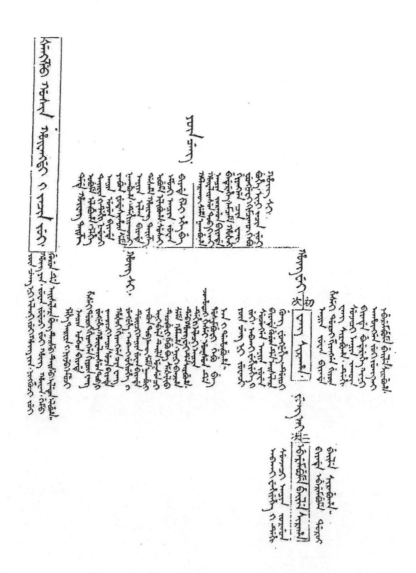

追封和碩理親王允礽清字表

《恩封宗室王公表》武英殿刊本

二、《清史稿・本紀》的天命史觀

　　《清太祖武皇帝實錄》立諸部世系，含兀喇、哈達、滿洲等國，清太祖努爾哈齊屬滿洲國。清史館纂修《建州表》，表中記載，明成祖永樂元年（1403），設建州衛，努爾哈齊出自建州女真。明神宗萬曆十六年（1588），努爾哈齊統一建州衛，是年九月，明廷始命努爾哈齊為都督僉事。萬曆二十六年（1598）二月、二十九年（1601）十二月、三十六年（1608）十二月，努爾哈齊先後入貢明廷。四十四年（1616），努爾哈齊即汗位於赫圖阿拉（hetu ala），建元天命（abkai fulingga），國號金國（aisin gurun）[5]。

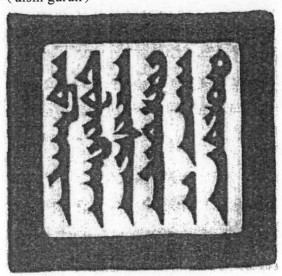

天命金國汗之印
（abkai fulingga aisin guruni han i doron）

---

5 李光濤、李學智編著，《明清檔案存真選輯・二集》（臺北：中央研究院歷史語言研究所，1973），附圖二。

　　清太祖以天命為年號，他將戰爭的勝負，國家的興亡，都歸根於天命，他上體天意，下合人心，他的用兵，合乎天意，天既佑之，所以君臨天下，是六合共主。《清史稿・太祖本紀》論曰：「太祖天錫智勇，神武絕倫，蒙難艱貞，明夷用晦，迨歸附日眾，阻貳潛消。自摧九部之師，境宇日拓。用兵三十餘年，建國踐祚。薩爾滸一役，肇商業定。遷都瀋陽，規模遠矣。比於岐、豐，無多讓焉[6]。」《詩・魯頌》：「實始肇商」[7]。清朝的建立，就是從清太祖「肇商」開始創業。《清史稿》將清朝的崛起，與西周相比。岐、豐都在陝西境內。《國語》記載，「周之興也，鸑鷟於岐山[8]。」相傳西周古公亶父自豳遷岐山建立都城。周文王（約 1152-1056B.C.）滅崇後，又自岐山遷都於豐邑。天命十年（1625）三月，清太祖遷都瀋陽，稱為盛京（mukden）。《清史稿》將清太祖的遷都，比作周文王的遷都。

　　《滿文原檔》記載傳國玉璽「制誥之寶」失傳及發現經過頗詳，是探討清太宗崇德改元不可忽視的原始史料。《清太宗文皇帝實錄》初纂本所載出征諸將領獲得傳國玉璽的經過，即取材於《滿文原檔》。《清史稿・太宗本紀》記載，天聰九年（1635）八月初三日庚辰，「貝勒多爾袞、岳託、薩哈廉、豪格以獲傳國玉璽聞。先是，元順帝北狩，以璽從，後失之。越二百餘年，為牧羊者所獲，後歸於察哈爾林丹汗，

6　清史稿校註編纂小組編纂，《清史稿校註》，冊 1，卷 1，〈本紀一・太祖〉，頁 18。

7　西漢・毛亨傳，東漢・鄭玄箋，《毛詩》，收入《四部叢刊》（臺北：臺灣商務印書館，1966），冊 1，卷 20，頁 159。

8　春秋・左丘明，《國語・周語上》，收入《四部叢刊》，冊 14，卷 1，頁 9。

林丹亦元裔也。璽在蘇泰太妃所，至是獻之[9]。」九月初六日癸丑，又載，「貝勒多爾袞等師還，獻玉璽，告天受之[10]。」天聰十年（1636）夏四月初五日己卯，大貝勒代善（daišan，1583-1648）等率滿、漢、蒙古大臣及蒙古十六國四十九貝勒，以三體表文詣闕請上尊號。《清史稿‧太宗本紀》記載表文曰：「恭維我皇上承天眷祐，應運而興。當天下昏亂，修德體天，逆者威，順者撫，寬溫之譽，施及萬姓。征服朝鮮，混一蒙古，遂獲玉璽，受命之符，昭然可見，上揆天意，下協輿情。臣等謹上尊號，儀物俱備，伏願俞允[11]。」四月十一日乙酉，祭告天地，行受尊號禮，定有天下之號曰大清，改元崇德。皇太極（hong taiji，1592-1643，1627-1643 在位）有福，承天眷祐，特賜「制誥之寶」，因有德者始能得到傳國玉璽，所以建國號「大清」，改元「崇德」，應運而興。《清史稿‧太宗本紀》「論」中亦稱，「明政不綱，盜賊憑陵，帝固知明之可取，然不欲亟戰以剿民命，七致書於明之將帥，屈意請和。明人不量強弱，自亡其國，無足論者。然帝交鄰之道，實與湯事葛、文王事昆夷無以異[12]。」《清史稿》也將清太宗皇太極比作商湯（約 1675-1646B.C.）、周文王（1152-1056B.C.）。

　　順治年間，將「崇儒重道」定為基本國策。清聖祖康熙皇帝（1654-1722，1662-1722 在位）更是儒家政治理念的躬

9　清史稿校註編纂小組編纂，《清史稿校註》，冊1，卷2，〈本紀二‧太宗一〉，頁46。

10　清史稿校註編纂小組編纂，《清史稿校註》，冊1，卷2，〈本紀二‧太宗一〉，頁47。

11　清史稿校註編纂小組編纂，《清史稿校註》，冊1，卷2，〈本紀二‧太宗一〉，頁48。

12　清史稿校註編纂小組編纂，《清史稿校註》，冊1，卷3，〈本紀三‧太宗二〉，頁70。

行實踐者，他提倡堯舜之道，他以上接二帝三王的正統思想自居。《清史稿·聖祖本紀》記載康熙皇帝的話說：「堯、舜之世，府修事和，然且兢兢業業[13]。」康熙二十六年（1687）五月十五日壬辰，康熙皇帝御書周公、孔子、孟子廟碑文，御史勒石。《清史稿》已經明白暗示清朝旗人政權不僅是政治上符合天命的正統政權，同時也是思想上實踐儒家理念的正統文化。《清史稿·本紀》強調的是旗人政權的合法性，以及正統性。

八月丙午，上大漸，乘舟回。庚戌，至愛雞堡，上崩，入宮發喪。在位十一年，年六十有

八、天聰三年華蘿陵。初諡武皇帝，廟號太祖，改諡高皇帝，累諡承天廣運聖德神功肇紀
立極仁孝睿武端毅欽安弘文定業高皇帝。

論曰：太祖天錫智勇，神武絕倫。蒙難貞明，夷用晦。藉
九部之師，摧寧用拓。用兵三十餘年，建國踐祚。薩爾滸一役，奄商業定。遷都瀋陽，規模
遠矣。此於殿，禮，無多讓焉。

七年。九月壬子，葬昭陵。冬十月丁卯，上尊諡曰應天興國弘德彰武寬溫仁聖睿孝文皇
帝，廟號太宗。累上尊諡曰應天興國弘德彰武寬溫仁聖睿孝敬昭定隆道顯功文皇帝。

論曰：太宗允文允武，內修政事，外勤討伐，用兵如神，所向有功。雖大勛未集，而世祖
即位眇年，中外即歸於統一，蓋帝之詒謀遠矣。明政不綱，盜賊憑陵，帝固知明之可取，然
不欲亟戰以勸民命，七致書於明之將帥，屢意請和。明人不量強弱，自亡其國，無足論者。
然帝交鄰之道，實與湯事葛，文王事昆夷無以異。嗚呼，聖矣哉！

《清史稿》太祖、太宗本紀論

13　清史稿校註編纂小組編纂，《清史稿校註》，冊1，卷7，〈本紀七·聖祖二〉，頁211。

三、清史館《國語志》的纂修及其意義

　　《清史稿・太祖本紀》記載，己亥（1599）二月，「始製國書」。所謂「國書」，即指滿文。滿文的創製，使滿洲獲得一種統一的、規範的民族文字。滿洲是旗人的主體民族，滿文的流通，對於形成滿洲共同文化、共同心理，起了重要的作用。明朝後期，建州女真仍然沒有自己的文字，其文移往來，主要是使用蒙古文字，必須「習蒙古書，譯蒙古語通之。」使用女真語的建州女真書寫蒙古文字，未習蒙古書者則無從了解。明神宗萬曆二十七年（1599），歲次己亥二月，努爾哈齊為了文移往來及記注政事的需要，即命巴克什（baksi，儒者）額爾德尼（erdeni，1592-1634）等仿照老蒙文創製滿文，亦即以老蒙文字母為基礎，拼寫女真語音，連綴成句，於是創製了拼音系統的初期滿文。因在字旁未加圈點，故習稱老滿文。清太宗天聰六年（1632）三月，皇太極命巴克什達海（dahai，1595-1632）將老滿文在字旁加置圈點，使其音義分明。這種加圈點的滿文，習稱新滿文。滿文，清朝稱為清文，滿語稱為國語。民初清史館曾經纂修《國語志》，卷首有奎善撰〈滿文源流〉一文，文中指出，「茲編纂清史伊始，竊以清書為一朝創製國粹，未便闕而不錄，謹首述源流大略，次述字母，次分類繙譯，庶使後世徵文者有所考焉。」滿文的創製，是清朝文化的重要特色。滿洲入關後，滿洲語文一躍而成為清朝政府的清文國語，對外代表國家，對內而言，滿文的使用，更加普遍，儒家經典，歷代古籍，多譯成滿文。各種文書，或以滿文書寫，或滿漢兼書。繙譯考試，也考滿文。滿語，其實就是女真語，女真人是旗人的主體民族，旗人與

滿語是一體的，滿語是旗人的日常語言，皇帝召見八旗人員，也使用滿語。內務府上三旗，例應以滿語交談。八旗官員例應以滿文繕寫奏摺、本章，進呈御覽。旗人不說滿語，是一種隱憂。旗人不諳滿文，他在國家機構中便喪失功能。《清史稿》可倣遼金元史，附錄國語解。

四、從《清史稿・后妃傳》看滿蒙聯姻的歷史意義

滿洲與蒙古的聯姻活動，有其歷史背景。由於元朝蒙古對東北女真的統治，以及地緣的便利，在滿洲崛起以前，女真與蒙古的接觸，已極密切，蒙古文化對女真產生了很大的影響。滿洲與蒙古在思想觀念及婚姻習俗等方面，也大體相近，這些因素都為清代滿蒙聯姻活動提供了極為有利的條件。清太祖努爾哈齊、清太宗皇太極時期的大規模聯姻活動，遂成為滿洲入關後遵行不替的基本國策。由於滿蒙大規模、多層次、持久性的長期聯姻，不僅使滿蒙成為軍事聯盟，而且也成為政治、經濟的聯盟，滿蒙遂成為休戚與共的民族生命共同體。皇太極時期所以能實現借助於蒙古進攻明朝的願望，主要就是得力於滿蒙聯姻政策的成功。

滿蒙聯姻，主要是指滿洲男成員娶入蒙古婦女、滿洲女成員下嫁蒙古諸部。清太宗皇太極時期，盛京崇德五宮都是蒙古婦女，科爾沁部貝勒莽古思之女哲哲（jeje，1600-1649）被封為清寧宮中宮皇后，哲哲的姪女科爾沁部貝勒寨桑長女海蘭珠（hairanju，1609-1641）被封為東宮關雎宮宸妃，她的妹妹本布泰（bumbutai，1613-1688）被封為西宮永福宮莊妃。察哈爾部林丹汗妻娜木鐘（namjung，？-1674）被封為西宮麟趾宮貴妃，竇土門福金巴特瑪・璪（batma dzoo）被封為東

宮衍慶宮淑妃。五宮並建，蒙古歸心，得眾得國。

　　《清史稿・后妃傳》記載中宮皇后生女三人，分別下嫁蒙古察哈爾部林丹汗之額哲（？-1661）、蒙古科爾沁部奇塔特（生卒年不詳）、蒙古科爾沁部巴雅斯祜朗（生卒年不詳）；西宮永福宮孝莊文皇后生子福臨（fulin，順治皇帝，1638-1661，1644-1661在位），生女三人，分別下嫁蒙古科爾沁部弼爾塔哈爾（生卒年不詳）、正黃滿洲旗人索爾（生卒年不詳），復嫁蒙古巴林部色布騰（生卒年不詳）、鑲黃滿洲旗人鏗吉爾格（生卒年不詳）；麟趾宮貴妃娜木鐘，生子博穆博果爾（1642-1656），生女一人，下嫁蒙古博爾濟吉特氏噶爾瑪索諾木（生卒年不詳）。此外，側妃博爾濟吉特氏女下嫁滿洲旗人夸札（生卒年不詳）；庶妃納喇氏生女下嫁滿洲旗人瓜爾佳氏輝塞（生卒年不詳）；庶妃納喇氏下嫁滿洲旗人哈拉（生卒年不詳）。滿蒙族外婚聯姻，是滿洲與蒙古諸部同化融合的過程，滿蒙一家，對維持東北與西北亞洲的長期和平作出了重要的貢獻。從《清史稿・后妃傳》的記載，可以說明旗人女性所扮演的角色，探討清朝旗人民族成分及女性活動，不能忽略《清史稿・后妃傳》的纂修。

五、固山牛彔組織與滿洲入關前的國家制度

　　八旗，滿語讀如「jakūn gūsai niru」，意即「八固山牛彔」。固山牛彔組織是從氏族狩獵生產組織的基礎上發展而形成的組織。穆昆（mukūn）是女真社會內部的氏族組織的基本形態，氏族的族長穆昆達（mukūn i da），也是衛所的掌衛職官。穆昆的下面有塔坦（tatan），這是女真人為採集狩獵組成的社會生產組織，又是財富分配的單位。3、4人為一個塔坦，每個

塔坦都有頭人，叫做塔坦達（tatan i da），意即伙長，管理在野外生產的食宿事務。3、4 個塔坦組成一個統一行動的採集、漁獵、狩獵的集體・指定方位，分工合作，這個組織，就是牛彔（niru），其頭人就是牛彔額真（niru i ejen）。明神宗萬曆四十四年（1616），努爾哈齊將其所屬的國人，全都編入固山牛彔，確立固山牛彔制度。隨著征服戰爭的不斷擴大，牛彔增多，便在牛彔的上層組成了固山（gūsa），亦即「旗分」，固山就是女真社會軍事編制的最大單位，設一首領統率，稱為領旗貝勒，以旗為標幟，按旗色行軍戰鬥。初設一固山，後來出於戰爭包抄的需要，分成二固山。後來戰爭要求四面包抄，又形成四固山，後來又增為八固山。領旗貝勒掌管一固山的軍、政、財、刑、生產、婚娶等等。在固山牛彔組織中設官分職，固山牛彔制度遂成為女真社會的國家制度。

《清史稿・太祖本紀》記載，萬曆四十三年（1615），歲次乙卯，釐定兵制。初以黃、紅、白、黑四旗統兵，至是增四鑲旗，易黑為藍。《清史稿・兵志一》詳載八旗制度，「清初，太祖以遺甲十三副起，歸附日眾，設四旗，曰正黃、正白、正紅、正藍；復增四旗，曰鑲黃、鑲白、鑲紅、鑲藍，統滿洲、蒙古、漢軍之眾，八旗之制自此始[14]。」天聰九年，「以所獲察哈爾部眾及喀喇沁壯丁分為蒙古八旗，制與滿洲八旗同[15]。」崇德七年（1642），「設漢軍八旗，制與滿洲同[16]。」

---

14 清史稿校註編纂小組編纂，《清史稿校註》，冊 5，卷 137，〈兵一・八旗〉，頁 3731。

15 清史稿校註編纂小組編纂，《清史稿校註》，冊 5，卷 137，〈兵一・八旗〉，頁 3732。

16 清史稿校註編纂小組編纂，《清史稿校註》，冊 5，卷 137，〈兵一・八旗〉，頁 3732。

　　《清史稿・食貨・戶口》記載，「清之民數，惟外藩札薩克所屬編審丁檔，掌於理藩院；其各省諸色人戶，由其地長官以十月造冊，限次年八月咨送戶部，浙江清吏司司之。而滿洲、蒙古、漢軍丁檔，則司於戶部八旗俸餉處[17]。」八旗人丁，定例三年編審一次，令各佐領稽查已成丁者，增入丁冊。清史館陳田、吳懷清纂輯戶口志，共十一冊，其中第三冊，即為八旗戶口志。八旗制度，不僅是軍事的，而且也是民政的，因此，八旗制度的記載，不僅見於兵志，同時也見於食貨戶口志。八旗人丁，包含滿洲、蒙古、漢軍，其丁檔由戶部八旗俸餉處掌管，探討旗人與國家制度，不能忽略食貨戶口志的史料及戶部八旗俸餉處的職掌。

六、從《朝鮮實錄》看旗人輔政制度的得失

　　《清史稿・世祖本紀》記載，順治十八年（1661）正月，遺詔立玄燁（hiowan yei，1654-1722，1662-1722 在位）為皇太子，特命內大臣索尼（sonin，？-1667）、蘇克薩哈（suksaha，？-1667）、遏必隆（ebilun，？-1674）、鰲拜（obooi，1610-1669）為輔政四大臣。輔政大臣中，索尼，赫舍里氏，是滿洲正黃旗人，他是為首輔政大臣，其孫領侍衛內大臣噶布喇之女赫舍里氏於康熙四年（1665）七月冊封為皇后。其次，蘇克薩哈，納喇氏，是滿洲正白旗人。遏必隆，鈕祜祿氏，是滿洲鑲黃旗人。其女鈕祜祿氏被封為孝昭仁皇后。其女鈕祜祿氏被封為溫僖皇貴妃。鰲拜，瓜爾佳氏，是滿洲鑲黃旗人。

　　順治十八年正月初九日，玄燁即皇帝位，以明年為康熙

---

17 清史稿校註編纂小組編纂，《清史稿校註》，冊 5，卷 127，〈食貨一・戶口〉，頁 3440。

元年（1662）。同年七月初一日，朝鮮進賀使元斗杓（원두丑，
1593-1664）等人從北京回國，朝鮮國王顯宗（1641-1674，
1659-1674 在位）召見元斗杓等人，詢問清朝政局。元斗杓等
人覆稱：「聞諸被俘人金汝亮，皇帝年纔八歲，有四輔政擔當
國事，裁決庶務，入白太后，則別無可否，性唯諾而已。以
故紀綱號令半不如前[18]。」康熙元年十一月，朝鮮陳奏使鄭太
和等人指出，「輔政大臣專管國政，一不稟達於兒皇[19]。」康
熙四年二月，冬至使鄭致和等人指出，「時清主幼沖，大小政
令皆出於四輔政。將以二月十二日首輔政孫伊之孫女為后[20]。」

　　康熙六年（1667）六月，索尼病歿。同年七月，蘇克薩
哈被鰲拜陷害處絞，其長子內大臣查克旦磔死，餘子六人，
孫一人，兄弟二人皆處斬。康熙八年（1669）五月，詔逮鰲
拜，交廷鞫。《清史稿・聖祖本紀》記載，「上久悉鰲拜專橫
亂政，特慮其多力難制，乃選侍衛、拜唐阿年少有力者為撲
擊之戲。是日，鰲拜入見，即令侍衛等掊而繫之。於是有善
撲營之制，以近臣領之。庚申，王大臣議鰲拜獄上，列陳大
罪三十，請族誅。詔曰：『鰲拜愚悖無知，誠合夷族。特念效
力年久，迭立戰功，貸其死，籍沒拘禁[21]。』」

　　金兆豐著《清史大綱》稱「論者謂康熙初政，頗無足紀，
皆鰲拜專橫有以致之，非虛語也[22]。」康熙四年三月初六日，
朝鮮國王顯宗在熙政堂召見從北京返國的使臣鄭致和（生卒

---

18 國史編纂委員會編，《朝鮮王朝實錄・顯宗改修實錄》（漢城：國
　 史編纂委員會，1970），冊 37，卷 6，頁 1。

19 國史編纂委員會編，《朝鮮王朝實錄・顯宗改修實錄》，卷8，頁3。

20 國史編纂委員會編，《朝鮮王朝實錄・顯宗改修實錄》，卷 12，
　 頁 48。

21 清史稿校註編纂小組編纂，《清史稿校註》，冊 1，卷 6，〈本紀
　 六・聖祖一〉，頁 160。

22 金兆豐著，《清史大綱》（臺北：學海出版社，1977），頁 161。

年不詳）。《顯宗改修實錄》記載了他們的談話內容說：「上曰：
『清主何如云耶？』致和曰：『年今十二，何能自斷。聞輔政
頗善處事，攝政已久，而國人無貳心，誠可異也[23]。』」輔政
大臣專橫，固屬事實，然而輔政大臣，「頗善處事」，所以「國
人無貳心」，政局穩定，也是事實。探討康熙初政，不可忽視
當時柄國攝政諸臣的功績。

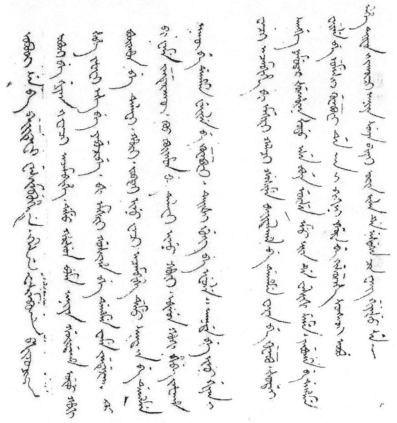

票擬鰲拜罪狀（局部）康熙八年五月二十三日

---

23 國史編纂委員會編，《朝鮮王朝實錄・顯宗改修實錄》，卷 12，
頁 49。

資治通鑑
― 康熙皇帝覽閱通鑑論斷

　　起居注是官名，掌記注之事，起居注官記錄帝王言行的檔冊，稱為《起居注檔冊》，簡稱《記注冊》，又習稱《起居注冊》，是類似日記體的一種史料。其體例起源甚早，周代已設左史、右史之職。漢武帝時，禁中有起居注。王莽時，置柱下五史，聽事侍旁，記載言行，以比古代左右史。東漢明帝、獻帝時，俱置起居注。魏晉時，著作郎兼掌起居注。北魏孝文帝太和十四年（490），置起居令史。隋代置起居注舍人。唐代更置起居郎、起居舍人。唐代記注體例，是以事繫日，以日繫月，以月繫時，以時繫年，並於每季彙送史館，起居注制度日臻完善。宋朝仿唐朝制度，仍以起居郎及起居舍人分掌記注。元朝雖設起居注，惟所記皆臣工奏聞事件，不記君主言行。明朝洪武初年即置起居注，北京大學圖書館所藏《萬曆起居注》是迄今存世較早、較完整的起居注冊。

　　清朝入關以前，內國史院的職掌，主要為記注皇帝詔令，但尚未正式確立起居注的官名。順治十年（1653）正月，工科都給事中劉顯績奏稱：

> 自古帝王，左史記言，右史記動，期昭示當時，垂法後世。我皇上種種美政，史不勝書，乞倣前代設立記注官，凡有詔諭，及諸臣啟奏，皇上一言一動，隨事

直書，存貯內院，以為聖子神孫萬事法則。

給事中劉顯績的建議，並未被採行。康熙七年（1668）九月，內秘書院侍讀學士熊賜履疏稱：

> 皇上一身，宗廟社稷所倚賴，中外臣民所瞻仰。近聞車駕將幸邊外，伏乞俯採芻言，收回成命，如以農隙講武，則請遴選儒臣，簪筆左右，一言一動，書之簡冊，以垂永久。

侍讀學士熊賜履所奏「一言一動，書之簡冊」，就是記注起居。原奏奉旨「是，朕允所奏，停止邊外之行，所稱應設起居注官，知道了。」據《欽定大清會典事例》的記載，康熙九年（1670），始置起居注館於太和門西廊。《清史稿》亦謂「康熙九年，始設起居注館，在太和門西廡。置滿洲記注官四人，漢八人，以日講官兼攝。」起居注館隸屬翰林院(bithei yamun)。據清實錄的記載，清朝正式設置起居注官是始於康熙十年（1671）八月。是月十六日，實錄記載：

> 設立起居注，命日講官兼攝，添設漢日講官二員，滿漢字主事二員，滿字主事一員，漢軍主事一員。

起居注官是從掌院學士以下，編檢以上，侍講、侍讀等，由翰林院開列請簡。每日二員侍值，將應記之事，以滿漢文分別記注。起居注館的編制，日益擴大。康熙十一年（1672），增設滿字筆帖式四員，滿漢字筆帖式二員。次年，增設滿洲記注官一員，漢記注官二員。康熙十六年（1677），增設滿洲記注官一員。康熙二十年（1681），增設記注官八員，至此，滿漢記注官共二十二員。因記注起居關係機要，其滿洲記注官，「必用上三旗人方可」。滿漢記注官日直記載，會同校閱，並將起居注冊會同內閣諸臣看封儲庫。康熙二十二年（1683）

二月初一日，起居注冊有一段記載云：

> 翰林院為康熙二十一年起居注冊照例會同內閣諸臣看
> 封貯庫，以綠頭籤啟奏。上曰：「爾等可同內閣諸臣來
> 奏，另有諭旨。」少頃，同內閣諸臣進。上曰：「記注
> 起居事跡，將以垂之史冊，所關甚要。或在朕前原未
> 陳奏，乃在外妄稱如何上奏，如何奉旨？私自緣飾開
> 寫送起居注館。且每日止該直官二員記注，或因與己
> 相善，特美其辭；與己不相善，故抑其辭，皆未可知。
> 起居注官能必其盡君子乎？記注冊朕不欲親閱，朕所
> 行政事，即不記注，其善與否，自有天下人記之。爾
> 等傳諭九卿、詹事、科、道等官會議，應作何公看？
> 如以所無之事誣飾記注者將嚴懲焉！」

起居注冊的記載，因為可以垂之史冊，所以必須客觀，
不可緣飾。其應如何公看之處，九卿等遵旨議奏。次日，起
居注冊有一段記載：

> 上又問曰：「昨所諭起居注檔冊事，九卿等公議若何？」
> 大學士明珠等奏曰：「九卿公議云，起居注事宜皆記載
> 機密，垂諸史冊者，所關重大，臣等不敢閱。且滿漢
> 起居注官，共二十二員，日直記載俱係公同校閱，凡
> 九卿官員所奏之事，從無私自繕寫送進史館記注之
> 例。如有繕寫送進者，起居注衙門必進呈御覽，方敢
> 入冊，向來定例如此。」上曰：「知道了，可仍照舊例。」

大學士等固然不敢閱看起居注冊，康熙皇帝亦不親閱。
起居注冊由滿漢起居注官公同校閱，從無私自繕寫送進史館
記注之例。其記注檔案，亦不得任意私自刪抹。

康熙年間，記注官日直記事，從未間斷。但在康熙末年，

起居注官奉命裁撤。康熙五十五年（1716），兩江總督赫壽題請寬免江南舊欠錢糧，部議不准行。後來赫壽又摺奏求免，康熙皇帝批令繕本具題，戶部滿大臣力主不行。康熙皇帝後來始知赫壽受人囑託，確有情弊。且西北正值軍事孔殷之時，故未准所請，照部議分年帶徵。康熙五十六年（1717）三月間，記注官陳璋等查閱檔案，欲將康熙皇帝未蠲免舊欠錢糧前後諭旨不符之處，指出書寫。是月十六日，起居注冊有一段記載：

> 辰時，上御暢春園內澹寧居，召大學士、學士、九卿、詹事、科、道入。上曰：「記注官陳璋于今年三月內查閱檔案，抄朕去年十二月所諭江南錢糧之旨與趙熊詔，伊等皆屬有心，特以朕于去年曾諭江南舊欠錢糧相應蠲免，今年未行蠲免，意欲將朕前後互異之處，指出書寫耳。去年赫壽請頒特恩蠲免前項錢糧摺奏，朕批令繕本具題。及繕本具題後，朕知赫壽受人囑託，又私行通同商定具題欺朕，且以西邊正用兵餉之時，故舊欠未准蠲免，照依部議分年帶徵。朕御極以來，蠲免天下錢糧數千萬兩，豈有惜此些微錢糧之理？江南官員眾多，赫壽唯欲沽取善譽于官，而民殊不感戴，且聲名不堪。朕于事無不經歷，人亦焉能欺朕？朕豈肯以大權授人乎？若不將此故曉諭諸臣，爾必謂朕前後諭旨不符，所係非輕。且漢人著作文籍內，有將未題之稿云欲行具奏，以事已完結未獲具奏等語。似此並未入告者，尚且書寫，況其他乎？起居注衙門記注諭旨，原為敬慎起見。然自古未有久行設立者，亦有旋立旋止者，皆由所記不實故耳。記注官所記諭旨，

朕從不檢閱，交與大學士等校看。大學士等事務繁多，亦無暇細校。又或以師生同年瞻顧情面，恐致仇怨，即有錯謬之處，亦不指出。殊不知記注諭旨，雖一字皆有關係。朕聽政之日，記注官入侍，伊等身尚無措，豈能備記諭旨，詳悉記載耶？侍班漢官歸寓後，將朕諭旨纂寫，數日方攜至署，與滿官校看，又每爭競是非。由此觀之，將朕諭旨多遺漏舛訛可知。唯朕硃書諭旨及批本發科之旨，始為真確耳，其起居注所記，難于憑信也。」

　　由引文內容可知起居注官所記諭旨的纂修及其校看情形，侍班漢記注官返回寓所後，始將諭旨纂寫，經過數日後方攜至起居注衙門，與滿洲記注官校看，起居注館進呈御覽時，康熙皇帝並不檢閱，照例交給大學士等校看。但因大學士等事務繁雜，記注官所記諭旨，多無暇細校，所以起居注冊內所錄諭旨，仍須與硃筆諭旨及批本發科諭旨互相對照，以免有遺漏舛訛之處。康熙五十七年（1718）三月初三日，起居注冊有一段記載：

自古以來，設立起居注，立數月而廢者有之，立一、二年而廢者有之，未有如朕設立之久者。今觀記注官內，年少微員甚多，皆非經歷事體之人。伊等自顧不暇，豈能詳悉記朕之言？或有關係大臣之事央求於彼，即行任意粉飾，將朕之旨，愈致錯誤，不能詳記者甚多。記注之事，關係甚重，一言失實，即啟後世之疑。即如趙熊詔亦曾私自抄錄。若朕設立起居注，閱一、二年即行裁革，或疑朕畏他人議論是非。朕御極已五十七年，與自古在位未久者不同，是非無煩伊

> 等記注。此衙門甚屬無益，爾等會同九卿，將作何裁
> 革之處，詳議具奏。

歷代以來，起居注官的設置，或數月而廢，或一、二年
而廢。康熙初年設立起居注衙門以後，歷時長久，已經形成
一種傳統制度。康熙皇帝雖因起居注官記載失實而將起居注
衙門裁撤，但在雍正元年（1723）翰林院又奉旨恢復起居注
衙門，如康熙五十六年（1717）以前故事，於雍正皇帝視朝
臨御、祭祀壇廟之時，令滿漢講官各二人侍班，除記錄諭旨、
政務外，所有君主一言一事，俱令書諸簡冊。恢復建置的起
居注衙門，其員額雖有變動，但起居注衙門直至清朝末年，
依然存在，其記注工作，亦未曾間斷。

康熙二十九年（1690）三月二十九日，內廷供奉日講官
起居注贊善勵杜訥到起居注館將康熙皇帝於二十四年
（1685）、二十五年（1686）兩年閱覽《通鑑》所書論斷內容
記錄為摺子三冊，交給起居注館記注，其內容頗具故事性，
特摘錄部分內容於後。

古代神話相傳天有十日，后羿善射，堯命后羿射落九日。
康熙皇帝閱讀〈三皇五帝紀〉後評論說：

> 上古之世，荒遠無徵，其所紀載，不可信者甚多，如
> 十日並出，射去其九，尤為誕妄。大凡天下之事，皆
> 宜斷之以理，庶不為其所惑，讀古人之書，亦當自有
> 定見也。

盡信書，不如無書，讀古人的書，因其荒遠無徵，不可為其
所惑，康熙皇帝的疑古，應予肯定。起居注贊善勵杜訥認為
康熙皇帝讀書論事，「皆有要領」。

康熙皇帝閱讀〈周桓王紀〉後指出，「春秋之時，綱常不

振，瀆亂彝倫甚於後世，即節義著聞簡策所艷稱者，亦多涉於偏激好名，非大中至正之道。」康熙皇帝認為其主要原因，「皆由教化不明，人心陂僻，不可徒諉之氣運。」周景王時，楚滅執隱太子用為犧牲。康熙皇帝閱讀《通鑑》後評論說:「滅鄰國而執其世子，以歸戮之，已為不仁，乃以為犧牲，而用之於岡山，其殘忍刻毒，無以復加矣。」

漢五年（前 202），項羽敗死，漢王劉邦即皇帝位，論功行封，群臣爭功。劉邦封蕭何為鄼侯，食邑八千戶，功臣們頗不以為然。《漢書》有一段記載云:

> 功臣皆曰:「臣等身被堅執兵，多者百餘戰，少者數十合，攻城略地，大小各有差。今蕭何未嘗有汗馬之勞，徒持文墨議論，不戰，顧反居臣等上，何也？」上曰:「諸君知獵乎？」曰:「知之。」「知獵狗乎？」曰:「知之。」上曰:「夫獵，追殺獸者狗也，而發蹤指示獸處者人也。今諸君徒能走得獸耳，功狗也；至如蕭何，發蹤指示，功人也。且諸君獨以身從我，多者三兩人，蕭何舉宗數十人皆隨我，功不可忘也！」群臣後皆莫敢言。

蕭何被封為鄼侯的經過，《資治通鑑》所載內容較為簡略。康熙皇帝閱讀〈漢高祖封蕭何為鄼侯因設譬以曉諸功臣〉一節後評論說:「人主立言自有大體，漢高祖論蕭何與諸臣之功，乃譬之以獵，謂發蹤指示者人也，追殺走兔者狗也，比擬之辭未免過甚。」漢高祖將功臣比擬為追殺走兔的「狗」，確實有失大體。狡兔死，走狗烹，令人歎息。

我國古聖先賢多相信天象和人事，彼此有相互影響的關係。孔子說過，「為政以德，譬如北辰，居其所而眾星拱之。」

古聖先賢多相信天能干預人事，人事也能感應上天。人事修，則天現祥瑞，以示嘉勉；天現災異，以示警告。西漢今文經師鑒於秦代專制之失，多喜言天人感應，欲以災異符命戒懼人君，使之約束自身。廣川人董仲舒，治《春秋》，以春秋災異之變推求陰陽所以錯行的道理，著《災異記》。其主張，主要在闡明以天權限制君權之意，企圖防止專治的流弊。董仲舒指出，為人君者，其法取象於天，垂象於日月星辰風雨，示命於禽獸蟲魚草木。「國家將有失道之敗，而天乃先出災害以譴告之。不知自省，又出怪異以警懼之。尚不知變，而傷敗乃至。以此見天心之仁愛人君，而欲止其亂也。」《春秋繁露》也指出，「春秋之法，上變古易常應是，而有天災者謂幸國。」「天不見災，地不見孽，則禱之於山川，曰：天其將亡予耶？」天現災異，是所謂幸國，天不見災，地不見孽，則有亡國之虞，天人感應之說，確實具有積極的意義。漢文帝元年（前 179）四月，齊楚地震，二十九山同日崩。康熙皇帝閱讀〈漢文帝時齊楚地震山崩〉一節後評論說：「漢文帝即位之初，善政纍纍，顧有地震山崩之異，殆所謂天心仁愛而示以時保之義耶！」「地震山崩」是一種災異現象，天象示警，就是天心仁愛人君的表現。起居注贊善勵杜訥面奏說：「敬承聖訓，洵與董子之言脗合也。」康熙皇帝的評論，與董仲舒天人感應的觀點是彼此脗合的。

張釋之，字季，南陽堵陽人，以貲為騎郎。漢文帝三年（前 177）八月，《資治通鑑》記載：

> 初南陽張釋之為騎郎，十年不得調，欲免歸。袁盎知其賢，而薦之為謁者僕射。釋之從行，登虎圈。上問上林尉諸禽獸簿，十餘問，尉左右視，盡不能對。虎

圈嗇夫從旁代尉對上所問禽獸簿甚悉，欲以觀其能口對響應無窮者。帝曰：「吏不當若是邪？尉無賴！」乃詔釋之拜嗇夫為上林令。釋之久之前曰：「陛下以絳侯周勃何如人也？」上曰：「長者也。」又復問：「東陽侯張相如何如人也？」上復曰：「長者。」釋之曰：「夫絳侯、東陽侯稱為長者，此兩人言事曾不能出口，豈效此嗇夫喋喋利口捷給哉！且秦以任刀筆之吏，爭以亟疾苛察相高，其敝徒文具，而無實，不聞其過，陵遲至於土崩。今陛下以嗇夫口辯而超遷之，臣恐天下隨風而靡，爭為口辯而無其實。夫下之化上，疾於影響，舉錯不可不審也。」帝曰：「善。」乃不拜嗇夫。

引文內容，與《漢書・張釋之傳》大同小異。文中「袁盎」，《漢書》作「中郎將爰盎」。康熙皇帝閱讀〈漢文帝時虎圈嗇夫代上林尉對甚悉〉一節後評論說：「嗇夫利口，足動一時之聽，張釋之恐天下聞風而靡，咸以口給希進，深識治體之言，漢廷諸臣，皆所未及。」張釋之深識治體，康熙皇帝的評論是客觀的。

漢文帝在位期間，晁錯上疏論貴粟的重要，《資治通鑑・漢紀》詳載：晁錯貴粟疏的內容。節錄其內容一段於下：

聖王在上，而民不凍飢者，非能耕而食之，織而衣之也，為開其資財之道也。故堯有九年之水，湯有七年之旱，而國亡捐瘠者，以畜積多，而備先具也。今海內為一，土地人民之眾不減湯、禹，加以亡天災，數年之水旱，而畜積未及者何也？地有遺利，民有餘力，生穀之土未盡墾，山澤之利未盡出，游食之民未盡歸農也。夫寒之於衣，不待輕暖，飢之於食，不待甘旨，

飢寒至身，不顧廉恥。人情一日不再食則飢，終歲不製衣則寒。夫腹飢不得食，膚寒不得衣，雖慈父不能保其子，君安能以有其民哉！明主知其然也。故務民於農桑，薄賦斂，廣畜積，以實倉廩，備水旱，故民可得而有也。民者，在上所以牧之，民之趨利如水走下，四方無擇也。夫珠玉金銀，飢不可食，寒不可衣，然而眾貴之者，以上用之故也。其為物輕微易藏，在於把握，可以周海內而亡飢寒之患，此令臣輕背其主，而民易去其鄉，盜賊有所勸，亡逃者得輕資也。粟米布帛生於地，長於時，聚於力，非可一日成也。數石之重，中人弗勝，不為姦邪所利，一日弗得而飢寒至，是故明君貴五穀而賤金玉。今農夫五口之家，其服役者，不下二人，其能耕者不過百晦，百晦之收不過百石。春耕，夏耘，秋穫，冬藏，伐薪樵，治官府，給繇役。春不得避風塵，夏不得避暑熱，秋不得避陰雨，冬不得避寒凍，四時之間，無日休息。又私自送往迎來，弔死問疾，養孤長幼在其中。勤苦如此，尚復被水旱之災，急政暴賦，賦斂不時，朝令而暮改。有者半賈而賣，無者取倍稱之息，於是有賣田宅，鬻妻子，以償責者矣。而商賈，大者積貯倍息，小者坐列販賣，操其奇贏，日游都市，乘上之急，所賣必倍。故其男不耕耘，女不蠶織，衣必文采，食必粱肉，無農夫之苦，有千伯之得。因其富厚，交通王侯，力過吏勢，以利相傾，千里游敖，冠蓋相望，乘堅策肥，履絲曳縞。此商人所以兼并農人，農人所以流亡者也。方今之務，莫若使民務農而已矣。欲民務農，在於貴粟。

貴粟之道，在於使民以粟為賞罰。今募天下入粟縣官，
得以拜爵，得以除罪。如此，富人有爵，農民有錢，
粟有所渫。夫能入粟以受爵，皆有餘者也。取於有餘，
以供上用，則貧民之賦可損，所謂損有餘，補不足，
令出而民利者也。今令民有車騎馬一匹者，復卒三人。
車騎者，天下武備也，故為復卒。神農之教曰：「有石
城十仞，湯池百步，帶甲百萬，而亡粟，弗能守也。」
以是觀之，粟者，王者大用，政之本務。令民入粟受
爵，至五大夫以上，乃復一人耳，此其與騎馬之功相
去遠矣。爵者，上之所擅，出於口而無窮；粟者，民
之所種，生於地而不乏。夫得高爵與免罪，人之所甚
欲也。使天下人入粟於邊，以受爵免罪，不過三歲，
塞下之粟必多矣。

　　晁錯重農貴粟的建議，具有重要時代意義，經漢文帝採
納施行，結果國家儲量漸多，於社會安定，頗有裨益。康熙
皇帝閱讀〈貴粟疏〉後評論說：「天生烝民，厥有恒性，其即
於匪彝，不從教令者，多為饑寒所迫，非盡出於惡性也。晁
錯云，雖慈父不能得之於其子，入情入理，不可以人廢言。」
史書謂晁錯為人峻刻，漢景帝時建議削減諸侯封地，吳楚七
國俱反，以誅晁錯為名。康熙皇帝認為晁錯所說「腹飢不得
食，膚寒不得衣，雖慈父不能保其子」云云，入情入理，後
世不當以人廢言。

　　我國歷代以來，當政者多重視以禮教治理國家，同時也
重視以刑政輔助禮教的不足。明刑弼教，清朝律例，科條詳
備，隱寓哀矜惻怛之意。漢景帝後元年（前143）正月，頒詔
曰：

獄重事也，人有智愚，官有上下，獄疑者讞有司，有
司所不能決，移廷尉，讞而後不當，讞者不為失，欲
令治獄者務先寬。

康熙皇帝閱讀漢景帝時〈讞疑獄詔〉後評論說：「漢景帝
詔讞疑獄，可謂得欽恤之心矣，蓋聽獄之際，未必盡得其情，
及爰書既成，雖若一無可議，其中尚多隱伏，況有幾微疑竇，
何忍置之不問乎？」欽恤讞疑是一種尚德緩刑思想，也是重
視民命的表現。康熙皇帝認為人命重案，不可不慎。哀矜庶
獄，刑期於無刑，仁至義盡。起居注贊善勵杜訥奏稱，「皇上
於奏讞之時，必詳加駁正，好生之德，足為萬世法也。」

康熙皇帝提倡崇儒重道，他認為帝王之道，是以堯、舜
為極；孔孟之學，即堯、舜之道。他自述，「朕生來不好仙佛，
所以向來爾講闢異端，崇正學，朕一聞便信，更無搖惑。」《資
治通鑑‧漢紀》記載漢武帝遣方士入海求神仙的內容云：

元光二年冬十月，上行幸雍祠五時，李少君以祠竈却
老方見上，上尊之。少君者，故深澤侯舍人，匿其年
及其生長，其游以方，遍諸侯，無妻子。人聞其能使
物及不死，更餽遺之。常餘金錢衣食，人皆以為不治
產業而饒給，又不知其何所人，愈信，爭事之。少君
善為巧發奇中。嘗從武安侯飲，坐中有年九十餘老人，
少君乃言與其大父游射處老人為兒時從其大父識其
處，一坐盡驚。少君言上曰祠竈則致物，致物而丹沙
可化為黃金，壽可益，蓬萊仙者可見，見之以封禪，
則不死，黃帝是也。臣嘗游海上，見安期生，食臣棗，
大如瓜。安期生僊者，通蓬萊中，合則見人，不合則
隱，於是天子始親祠竈，遣方士入海求蓬萊安期生之

屬，而事化丹沙諸藥齊為黃金矣。居久之，少君病死，天子以為化去不死，而海上燕齊怪迂之方士，多更來言神事矣！

　　據《列仙傳》記載，安期生是瑯琊人，賣藥東海邊時，人皆言千歲。康熙皇帝閱讀漢武帝遣方士求神仙一節後評論說：「漢武帝信李少君之說，遂遣方士入海，求安期生之屬，化丹砂諸藥，以冀成金，惑已甚矣。至少君既死，猶以為化去，何其迷而不悟耶！」。康熙皇帝認為入海求仙，化丹砂為黃金，人死化去云云，都是迷信，不合孔孟正道，自古以來，聖帝明王，未有溺於神仙佛老的。

　　趙充國（前137-前52），漢隴西上邽人，善騎射，好兵法，有謀略。宣帝時，奏陳屯田十二便，以儲糧制敵。《漢書》、《資治通鑑》俱載〈條不出兵留田便宜十二事〉，其內容大同小異。據《資治通鑑》記載，屯田十二便的內容云：

　　　步兵九校，吏士萬人，留屯以為武備，因田致穀，威德並行，一也。又因排折羌虜，令不得歸肥饒之地，貧破其眾，以成羌虜相畔之漸，二也。居民得並田作，不失農業，三也。軍馬一月之食，度支田士一歲，罷騎兵以省大費，四也。至春省甲士卒，循河湟漕穀至臨羌，以示羌虜，揚威武，傳世折衝之具，五也。以閒暇時下先所伐材，繕治郵亭，充入金城，六也。兵出，乘危徼幸，不出，令反畔之虜竄於風寒之地，離霜露疾疫瘃墮之患，坐得必勝之道，七也。無經阻遠追死傷之害，八也。內不損威武之重，外不令虜得乘間之勢，九也。又亡驚動河南大幵，使生它變之憂，十也。治湟陜中道橋，令可至鮮水，以制西域，伸

咸千里，從枕席上過師，十一也。大費既省，縣役豫息，以戒不虞，十二也。留屯田得十二便，出兵失十二利，唯明詔採擇。

康熙皇帝閱讀趙充國屯田諸奏後評論說：「趙充國所上諸書，洞晰機宜，矢竭忠悃，不恤利害，卒致萬全。古大臣之悉心謀國，罕有出其右者，不祇以將略勝人。」趙充國不僅有將略，而且能悉心謀國，康熙皇帝給與正面的肯定。

清初君臣對歷代太監亂政，頗多討論。康熙三十三年（1694）閏五月十四日，康熙皇帝御暢春園內澹寧居聽政，面諭大學士伊桑阿等人云：「朕觀古來太監，善良者少，要在人主防微杜漸慎之於始。苟其始縱容姑息，侵假事權，迫其勢既張，雖欲制之，亦無如何。如漢之十常侍，唐之北司，竊弄威權，甚至人主起居飲食，皆為所制，此非一朝一夕之故，由積漸使然也。」漢朝石顯，濟南人；弘恭，沛人，都是年少時坐法腐刑，為中黃門，選為中尚書。漢宣帝（前 73-前 49）在位期間，弘恭為中書令，石顯為僕射。漢元帝初元年間（前 48-前 44），弘恭死，石顯代為中書令。元帝不親政事，事無大小，俱由石顯奏請決斷，貴幸傾朝，百僚都敬事石顯。前將軍蕭望之領尚書事，深知石顯專權邪辟，建白指出，「尚書百官之本，國家樞機，宜以通明公正處之。武帝游宴後庭，故用宦者，非古制也。宜罷中書宦官，應古不近刑人。」元帝不聽，蕭望之大與石顯相忤，旋自殺。朝中大臣或被廢錮，或以事論死，自是公卿以下無不畏懼石顯。《資治通鑑》記載石顯惡跡甚詳。康熙皇帝閱讀〈漢元帝時蕭望之自殺以石顯為中書令〉一節後評論說：「宦寺之為害最烈，皆人主不能慎之於始，以為微而易制。及寵之以爵祿，授之以

事權，遂至驕恣橫肆如弘恭、石顯擅作威福，敢於戕害大臣而毫無忌憚之心。《易》曰，童牛之牿，豶豕之牙，當防之於未然也。」康熙皇帝熟讀史書，吸取歷史教訓，貽謀深遠，太監祇令灑掃服役，毫不假以辭色，其防微杜漸之道，確實超越前古。

帝王的母族、妻族，統稱外戚。《史記‧外戚世家》已指出，「自古受命帝王及繼體守文之君，非獨內德茂也，蓋亦有外戚之助焉。」但太史公也指出，「國之將興，必有禎祥，君子用而小人退；國之將亡，賢人隱，亂臣貴。」漢成帝（前32-前7）在位期間，重用外戚，封諸舅為列侯。竟寧元年（前33）五月，元帝崩，六月，太子驁即皇帝位，以元舅侍中衛尉陽平侯王鳳為大司馬大將軍，領尚書事。建始元年（前32），封舅諸吏光祿大夫關內侯王崇為安成侯，賜舅王譚、商、立、根、逢時爵關內侯。建始二年（前31），封舅譚、商、立、根、逢時皆為列侯。永始元年（前16），封婕妤趙氏父臨為成陽侯，封舅曼子侍中騎都尉光祿大夫王莽為新都侯。康熙皇帝閱讀〈漢成帝時悉封諸舅為列侯〉一節後評論說：「自古外戚之禍，莫甚於漢，由王氏相繼秉政，根深蒂固，加以莽賊承襲諸父之勢，包藏禍心，卒成篡竊，非一朝一夕之故也，履霜堅冰，成哀之世，昧斯義矣。」西漢外戚之禍，最後導致王莽篡漢的悲劇，實非一朝一夕之故。

歷代帝王多重視治水，漢成帝在位期間，黃河從魏郡以東，多潰隄溢水，朝廷廣求能浚川疏河者。待詔賈讓奏陳治河三策。《漢書‧溝洫志》、《資治通鑑》俱詳載賈讓奏疏內容，據《資治通鑑‧孝成皇帝》記載云：

治河有上中下策。古者立國居民，疆理土地，必遺川

澤之分，度水勢所不及，大川無防，小水得入，陂障
卑下，以為汗澤，使秋水多，得有所休息，左右游波，
寬緩而不迫。夫土之有川，猶人之有口也。治土而防
其川，猶止兒啼而塞其口，豈不遽止，然其死可立而
待也。故曰：「善為川者，決之使道；善為民者，宣之
使言。」蓋隄防之作，近起戰國，雍防百川，各以自
利。齊與趙、魏，以河為竟。趙、魏瀕山，齊地卑下，
作隄去河二十五里。河水東抵齊隄，則西泛趙、魏，
趙、魏亦為隄去河二十五里。雖非其正，水尚有所游
盪。時至而去，則填淤肥美，民耕田之。或久無害，
稍築室宅，遂成聚落。大水時至漂沒，則更起隄防以
自救，稍去其城郭，排水澤而居之，湛溺自其宜也。
今隄防陿者去水數百步，遠者數里。於故大隄之內，
復有數重，民居其間，此皆前世所排也。河從河內黎
陽至魏郡昭陽，東西互有石堤，激水使還，百餘里間，
河再西三東，迫阨如此，不得安息。今行上策，徙冀
州之民當水衝者，決黎陽遮害亭，放河使北入海。河
西薄大山，東薄金隄，埶不能遠泛濫，朞月自定。難
者將曰：「若如此，敗壞城郭、田廬、塚墓以萬數，百
姓怨恨。」昔大禹治水，山陵當路者毀之，故鑿龍門，
辟伊闕，析底柱，破碣石，墮斷天地之性。此乃人功
所造，何足言也。今瀕河十郡，治隄歲費且萬萬，及
其大決，所殘無數。如出數年治河之費，以業所徙之
民，遵古聖之法，定山川之位，使神人各處其所，而
不相奸，且大漢方制萬里，豈其與水爭咫尺之地哉！
此功一立，河定民安，千載無患，故謂之上策。若乃

多穿漕渠於冀州地，使民得以溉田，分殺水怒，雖非聖人濬，然亦救敗術也。可從淇口以東為石隄，多張水門。恐議者疑河大川難禁制，滎陽漕渠足以卜之。冀州渠首盡當仰此水門，溉冀州，水則開西方高門分河流。民田適治，河隄亦成，此誠富國安民、興利除害，支數百歲，故謂之中策。若乃繕完故隄，增卑倍薄，勞費無已，數逢其害，此最下策也。

康熙皇帝閱讀賈讓所奏治河三策後評論說：「治河之難，其來已久。觀賈讓所畫在當時亦惟中策可行爾，況今借黃流以濟運艘，其間疏築兼施，亦不得不然之勢也。」康熙皇帝熟悉河工，就當時而言，祇能採取中策，疏築兼施。

王莽（前 45-23）、曹操（155-220）的歷史背景，有些類似。王莽折節讀書，結交名士，聲譽頗盛。王莽篡西漢後，紛事改革，法令苛細，連年征戰，民不聊生，民兵四起，攻入長安，商人杜吳殺王莽，校尉公賓就斬其首，軍人分裂王莽身，支節肌骨臠分，爭相殺者數十人。曹操年二十舉孝廉，善用兵，長於文學，其詩氣魄沉雄，慷慨悲壯。其次子曹丕（187-226）篡東漢稱帝，追尊曹操為魏太祖武帝。康熙皇帝閱讀〈王匡等攻洛陽共誅王莽〉一節後評論說：

自古奸雄，並稱操莽，然觀莽之生平，初雖謙恭下士，譎詐欺人，及篡逆之後，張皇滅裂，洛陽垂陷，醜態畢露，不過一庸碌陋劣之人，又不可與曹操同日語矣。

王莽與曹操奸雄並稱，惟就其生平事跡而言，王莽却不可與曹操相提並論。

東漢和帝永元十五年（103）十一月，《資治通鑑》記載云：

嶺南舊貢生龍眼、荔枝，十里一置，五里一候，晝夜
傳送。臨武長汝南唐羌上書曰：「臣聞上不以滋味為
德，下不以貢膳為功，伏見交趾七郡，獻生龍眼等，
鳥驚風發，南州土地炎熱，惡蟲猛獸，不絕於路，至
於觸犯死亡之害，死者不可復生，來者猶可救也。此
二物升殿，未必延年益壽。」帝下詔曰：「遠國珍羞，
本以薦奉宗廟，苟有傷害，豈愛民之本，其敕太官勿
復受獻。」

　　唐羌，字伯游，補授臨武長。嶺南交州舊獻龍眼、荔枝、
生鮮等，驛馬晝夜傳送，以致有遭虎狼毒害，頓仆死亡者。
康熙皇帝閱讀〈漢和帝詔勿受遠國珍羞〉一節後評論說：

人主撫有天下，玉食萬方，若窮極異味，何求而不得，
第軫念下民，供億之煩，誠有所不忍爾，如宋仁宗計
蛤蜊之費，一下筋二十八千，吾不堪焉。又中夜偶思
燒羊，復戒左右勿令宣索，恐膳夫奉行，沿為成例，
徒糜有用之物，以備不時之需，皆此意也。況養生之
道，尤以節飲食為要義。朕自御極以來，凡所供餚饌，
皆尋常品味，未嘗羅列珍羞，侈以自奉，然於日用嘗
餐，猶加意撙節，適可而止，頗得調攝之方。縱恣口
腹者，無益而有損，此人情所易忽，不可不慎。

　　康熙皇帝講求養生之道，以節飲食為要義，對調攝之方，
頗有心得。漢安帝永初二年（108）五月，《資治通鑑》記載：

丙寅，皇太后幸洛陽寺及若盧獄，錄囚徒。洛陽有囚
實不殺人，而被考自誣羸困輿見，畏吏不敢言，將去
舉頭若欲自訴，太后察視覺之，即呼還問狀，具得枉
實，即時收洛陽令下獄，抵罪，行未還宮，澍雨大降。

　　康熙皇帝閱讀〈漢安帝時太后親錄囚徒〉一節後評論說：「漢安帝時太后錄囚，具得枉實，行未還宮，澍雨遂降，史冊書之，若以為盛事，不知垂簾聽政，亦非國家之福，矧親錄囚徒乎？漢室其益衰矣。」姑且不論太后錄囚是否為歷史上的美談，但是，太后垂簾聽政，畢竟不是國家之福。

　　漢安帝永初六年（112）正月，《資治通鑑》記載，「詔曰：『凡供薦新味，多非其節，或鬱養強孰，或穿掘萌芽，味無所至，而夭折生長，豈所以順時育物乎？傳曰：非其時不食，自今當奉祠陵廟及給御者，皆須時乃上。』凡所省二十三種。」康熙皇帝閱讀〈漢安帝詔省薦新物二十三種〉一節後評論說：「凡果蔬之生，各有其時，必待氣足而熟，食之乃可養人。若矯拂其性，使之先時早熟，其味不全，有何滋益？朕自幼至今，從未食也。」節飲食，慎起居，是養生卻病的良方，上了年紀的人，飲食要淡薄，多吃蔬菜，可以減少病，多吃水果，對身體有益。康熙皇帝說過，「諸樣可食果品，於正當成熟之時食之，氣味甘美，亦且宜人。如我為大君，下人各欲盡其微誠，故爭進所得初出鮮果及菜蔬等類，朕只略嘗而已，未嘗食一次也，必待其成熟之時始食之，此亦養身之要也。」吃水果時，應吃當令水果，過早摘食，有害身體，正當成熟時摘食，甘美宜人，于身有益，若矯拂其性，使之先食早熟，對身體有害。果蔬萬物的生長，各有其時，都是自然現象，不可矯拂其性，違反自然。

　　漢質帝本初元年（146），大將軍梁冀進毒弒帝，迎蠡吾侯劉志為帝，太后臨朝。據《資治通鑑・孝質皇帝》記載，「帝少而聰慧，嘗因朝會目梁冀曰：『此跋扈將軍也。』冀聞深惡之。閏月甲申，冀使左右置毒於煮餅而進之。帝苦煩盛使促

召太尉李固。固入前問帝得患所由；帝尚能言曰：『食煮餅，今腹中悶，得水尚可活。』時冀亦在側曰：『恐吐，不可飲水。』語未絕而崩。」質帝駕崩於玉堂前殿，年方九歲。康熙皇帝閱讀〈漢質帝因朝會目梁冀語〉一節後評論說：「漢質帝沖齡臨御，能識梁冀之奸，固為聰穎，第遽目之曰：『此跋扈將軍也。』遂為所毒。聰穎而不善弢晦，適足以為害矣。」康熙皇帝沖齡即位，在祖母孝莊太皇太后的教誨輔佐下，穩定了政局，當他閱讀漢質帝被毒害的過程，慨歎不已。

東漢桓帝（147-167），在位二十一年。史稱桓帝好音樂，善琴笙，納三皇，博採宮女五、六千。《資治通鑑·孝桓皇帝》記載，「帝多內寵，宮女至五、六千人及驅役從使復兼倍於此。」元熹九年（166）正月，荀爽對策指出，「臣竊聞後宮采女五、六千人，侍使復在其外，空賦不辜之民，以供無用之女，百姓窮困於外，陰陽隔塞於內，故感動和氣，災異屢臻。臣愚以為諸未幸御者，一皆遣出，使成妃合，此誠國家之大福也。」康熙皇帝閱讀漢桓帝時〈采女六千人侍者不在其數〉一節後評論說：「宮闈之中，可供使令足矣，何須若是之多耶？每見史冊所載後宮之繁，輒為之惻然。人情不甚相遠，顧忍出於此，誠所不解。本朝家法，務崇儉約，至於掖庭用人最簡，較諸歷代僅百分之一爾。」康熙年間，除慈寧、寧壽等宮為太皇太后、皇太后等人所居外，乾清宮皇帝的妃嬪以下使喚的老嫗及灑掃的宮女，共計一百三十餘人，人數很少，靡費不大。

歷代以來，太監與外患，對國家政權造成極大的威脅。東漢中平六年（189）四月，靈帝崩，子少帝辯即位，由大將軍何進秉朝政，信用袁紹、袁術。袁紹勸何進悉誅宦官。是

年七月，袁紹復說何進誅宦官。據《資治通鑑·孝靈皇帝》記載云：

> 袁紹復說何進曰：「前竇武欲誅內寵，而反為所害者，但坐言語漏洩，五營兵士皆畏服中人，而竇氏反用之，自取禍滅。今將軍兄弟並領勁兵，部曲將吏，皆英俊名士，樂盡力命，事在掌握，此天贊之時也。將軍宜一為天下除患，以垂名後世，不可失也。」進乃白太后，請盡罷中常侍以下，以三署郎補其處。太后不聽曰：「中官統領禁省，自古及今，漢家故事，不可廢也。且先帝新棄天下，我奈何楚楚與士人共對事乎？」進難違太后意，且欲誅其放縱者。紹以為中官親近至尊，出納號令，今不悉廢，後必為患，而太后母舞陽君及何苗數受諸宦官賂遺，知進欲誅之，數白太后為其障蔽。又言大將軍專殺左右，擅權以弱社稷，太后疑以為然。進新貴，素敬憚中官，雖外慕大名，而內不能斷，故事久不決。紹等又為畫策，多召四方猛將及諸豪傑，使並引兵向京城，以脅太后，進然之；主簿廣陵陳琳諫曰：「諺稱掩目捕雀，夫微物尚不可欺以得志，況國之大事，其可以詐立乎？今將軍總皇威，握兵要，龍驤虎步，高下在心，此猶鼓洪爐燎毛髮耳，但當速發雷霆，行權立斷，則天人順之，而反委釋利器，更徵外助大兵聚會，彊者為雄，所謂倒持干戈，授人以柄，功必不成，祇為亂階耳！」進不聽。典軍校尉曹操聞而笑曰：「宦者之官，古今宜有，但世主不當假之權寵，使至於此，既治其罪，當誅元惡，一獄吏足矣，何至紛紛召外兵乎？欲盡誅之事，必宣露，

吾見其敗也。」

　　康熙皇帝閱讀〈何進召外兵誅宦官〉一節後評論說：「宦官張讓等恣行不法，何進若止奏誅首惡，則可矣，乃必欲盡殺而後快，斯為已甚，太后所以不許也。復召外兵以速亂，則又至愚極謬，宜其禍不旋踵。」何進欲誅宦官而遇害，確實至愚極謬。康熙皇帝親政後，權臣鰲拜伏誅，說明康熙皇帝的聰明機智，善用謀略。

　　《起居注冊》記載，康熙皇帝閱讀〈吳臣趙咨稱其主之學不在尋章摘句〉一節後評論說：

　　　趙咨對魏主之言，可謂得體，蓋人主萬幾待理，自當博覽載籍，擴充聞見。然所貴者在於上下古今，得其要領，辨別是非，歸於至當，使天下之人情物理，靡不洞悉其隱微，熟識其常變，因以措諸施行，斯為有益，豈如士庶之學，僅媧習詞章而已哉！

　　人主日理萬幾，其所貴者在於上下古今，得其要領，辨別是非，不在尋章摘句，趙咨言論可謂得體。三國魏末，陳留阮籍、譙國稽康、河內山濤、河內向秀、沛國劉伶、籍兄子咸、瑯琊王戎，相與友善，常為竹林之游，世所謂竹林七賢。阮籍，博覽群籍，尤好莊、老，嗜酒能嘯，任性不羈，喜怒不形於色，不拘禮教。康熙皇帝閱讀〈竹林七賢〉一節後評論說：「阮籍輩皆崇尚虛無，蔑禮敗度。當時士大夫乃以為放達，爭慕效之，此晉俗之敝，其由來者遠矣。」竹林七賢，崇尚老、莊，競談玄理，成為一時玄談風氣，不拘禮教，康熙皇帝頗不以為然。

　　晉范陽方城人張華，學業優博，詞藻溫麗，朗瞻多通，圖緯方伎之書，莫不詳覽。康熙皇帝閱讀〈張華以才學文識

名重一時〉一節後評論說:「國家用人,當以德器為本,才藝為末。凡才長者,雖能濟事,亦多敗檢。若德器醇樸,必不至蕩軼準繩之外,朕臨御日久,閱歷人情,所見甚確,如張華在晉,以才學知名,後乃蔑棄典禮,以附賊後,所學又安在耶?」德器醇樸,不至敗檢,國家用人,確實應以德為本,才藝為末。

東晉穆帝永和七年(351),前秦苻健稱秦天王。永和八年(352),苻健稱帝。升平元年(357),苻堅篡位。苻生殘虐無度,苻堅納為謀。康熙皇帝閱讀〈秦主詔云殺不過千何謂殘虐〉一節後評論說:「維天好生,故立君以子民,其所以愛養生全之者宜無所不至也。秦主生乃以殺千人為常事,又謂野獸食人正天所以助朕殺之,草菅民命,自有載籍以來,莫甚於此。」尊重民命,愛養生全,理應無所不至。

北海劇人王猛,博學好兵書,謹重嚴毅,氣度雄遠。前秦苻堅,以王猛為相。王猛晚年疾篤時,仍疏請苻堅「親仁善鄰」,苻堅覽之流淚。康熙皇帝閱讀〈秦丞相王猛疾中所陳疏〉後評論說:「王猛之事秦,竭忠盡智,至於臨歿之時,猶惓惓以善作善成,望秦王追蹤前聖,宜其主眷優隆,為人臣之所當勉也。」追踪前聖,善作善成,惓惓勗勉,難能可貴。

東漢張陵傳五斗米道,又稱天師道,其後寇謙之等人,亦以天師自居。據《魏書》記載,清河人崔浩,博覽經史,玄象陰陽,百家之言,無不關綜,研精義理,時人莫及,太武帝以崔浩為撫軍大將軍。因道士寇謙之有《神中錄圖新經》,崔浩遂師事之。康熙皇帝閱讀〈魏立天師道場〉一節後評論說:「崔浩研精經術,練習政事,洵魏臣之傑出者,其不信佛法,尤度越時俗,卓然高蹈,何乃師受道士之術,而崇

奉尊禮之，且上其書，以蠱惑君心，得罪名教不淺。」康熙
皇帝崇儒重道，崔浩不信佛法，越度時俗，然而尊禮天師，
蠱惑君心，也得罪名教。後來北魏殺其司徒崔浩，並夷其族。
南朝宋文帝元嘉二十三年（446），北魏誅沙門，毀佛寺。康
熙皇帝閱讀〈魏誅沙門〉一節後評論說：「魏信道士寇謙之以
黜沙門，復因佛寺有兵器，詔無少長悉誅之。素無明禁，一
旦盡行殲除，可謂不教而殺，亦慘甚矣。」北魏並未制訂宗
教信仰律例，動輒誅戮沙門，可謂不教而殺。郡守、縣令等
地方官，習稱守令。康熙皇帝閱讀〈魏詔吏民告守令罪〉一
節後評論說：「國家設守令，以牧百姓，其貪墨不法者，固為
可恨，若魏詔吏民告守令，則大非矣，小民得以犯上，則名
分蕩然，紀綱不振，其害有不可勝言者，懲貪自有國法，何
其計之拙也。」懲辦貪墨守令，自有國法，不容吏民以下犯
上，動輒妄告。

　　北魏文成帝太安二年（456），立皇子弘為皇太子，賜其
母死，大赦天下。康熙皇帝閱讀〈魏文成帝立子弘為太子依
故事賜其母死〉一節後評論說：「齊家乃平治之原，太子為國
家之本，選建儲位，則其母必素被刑于之化者矣，藉以養育
青宮，裨益匪淺，稽諸往牒，如申生之母尚在，則驪姬之譖
不行，晉國之家庭骨肉，豈至有慘禍耶？漢武帝欲立太子，
乃先賜鉤弋夫人死，特有懲於呂后之故，而耄年計拙，遂致
因噎廢食也。至北魏時，徑相沿為故事，而踵行之，使其子
以得立，而喪母，將必有大不忍於其中者。嗣服繼統之日，
欲以孝治天下，能無隱恫哉！夫漢武固雄材大略之主也，而
舉動不合於經常，流弊一至於此，作俑之責，其何辭焉？」
文中鉤弋夫人，姓趙，漢武妃。據《漢書》記載：

　　孝武鉤弋趙倢伃，昭帝母也，家在河間。武帝巡狩過河間，望氣者言此有奇女，天子亟使使召之。既至，女兩手皆拳，上自披之，手即時伸。由是得幸，號曰拳夫人。先是其父坐法宮刑，為中黃門，死長安，葬雍門。拳夫人進為倢伃，居鉤弋宮，大有寵，太始三年生昭帝，號鉤弋子。姙身十四月乃生，上曰：「聞昔堯十四月而生，今鉤弋亦然。」乃命其所生門曰堯母門。後衛太子敗，而燕王旦、廣陵王胥多過失，寵姬王夫人男齊懷王、李夫人男昌邑哀王皆蚤薨，鉤弋子年五、六歲，壯大多知，上常言「類我」，又感其生與眾異，甚奇愛之，心欲立焉，以其年穉母少，恐女主顓恣亂國家，猶與久之。鉤弋倢伃從幸甘泉，有過見譴，以憂死，因葬雲陽。後上疾病，乃立鉤弋子為皇太子。

漢武帝鑒於呂后專政，鉤弋母子年穉母少，恐女主顓恣亂國，所以先賜鉤弋夫人死，然後立鉤弋子為皇太子，後世相沿為故事，不合以孝治天下的倫常道德，漢武帝始作俑者之責，難辭其咎。北魏文成帝踵行故事，立子弘為太子，而賜母死，日後太子繼位，若欲以孝治天下，能無隱恫哉！漢武帝始作俑者，以致相沿為故事。北魏宣武帝三年（506），詔罷鹽池之禁。康熙皇帝閱讀〈魏宣武帝時甄琛請罷鹽池之禁〉一節後評論說：「鹽之產，利甚厚，不操之自上，則豪強互相漁奪，閭閻之間，必紛囂多事矣，況取山澤之資，以薄田疇之賦，使民力寬然有餘，其為益不已多乎？若不審度時勢，輒弛其禁，則南畝之農夫，不獲沾毫末之利，而國用既絀，稅斂漸加，亦必至之勢也。凡為政者，祇求實惠，及民而已，何必

以美名自託哉！」甄琛，中山毋極人，頗學經史，稱有刀筆。世宗踐祚，以甄琛為中散大夫，兼御史中尉，轉通直散騎常侍。康熙皇帝認為甄琛並未審度時勢，動輒請罷鹽池之禁，徒託美名而已。

南朝宋後廢帝元徽五年（477），劉昱為齊王蕭道成所弒，時年十五歲。史書記載，劉昱窮凶極悖，自幼而長，善無細而不違，惡有大而必蹈，犬馬是狎，鷹隼是愛，酣歌墟肆，宵遊忘返，宴寢營舍，奪人子女，掠人財物，殺戮功臣，飛鏃鼓劍，孩稚無遺，屠裂肝腸，以為戲謔，投骸江流，以為歡笑，淫費無度，民怨既深，神怒已積，方筴所不書，振古所未聞。皇太后令曰：「昱窮凶極暴，自取灰滅，雖曰罪招，能無傷悼，棄同品庶，顧所不忍。可特追封蒼梧郡王。」後廢帝劉昱頑劣的事蹟，可謂罄竹難書。康熙皇帝閱讀〈宋主昱驕恣日甚〉一節後評論說：「宋主昱之資稟未必絕異於人，其所以逞欲敗度，無所不至者，必由於生長深宮，未聞訓誡，故日流於縱恣，可見諭教之方，所關最重，不當以具文視之。」生長環境對人的影響，確實不可以具文視之。

隋文帝開皇四年（584），普詔天下，公私文翰，並宜實錄。康熙皇帝閱讀隋詔後評論說：「文取達意而止，原不貴乎繁縟。自六朝競尚瑰麗，漸失古質遺風，遂致人文佻達成習，行不顧言，愈趨愈下，隋李諤上言，可謂切中時弊。」引文中李諤，是趙郡人，好學，解屬文。史書稱李諤性公方，明達世務，為時論所推，遷治書侍御史。隋文帝嘗謂群臣曰：「朕昔為大司馬，每求外職，李諤陳十二策，苦勸不許，朕遂決意在內。今此事業，諤之力也。」六朝士風佻達，文字競尚瑰麗，已失古質遺風，李諤所陳，切中時弊。

　　南朝陳後主，名叔寶，在位七年（583-589），至德二年（584），陳後主於光照殿年起臨春、結綺、望仙三閣。閣高數丈，竝數十間，其窗牖、壁帶、懸楣、欄檻，俱以沈檀香木建造，又飾以金玉，間以珠翠，外施珠簾。內有寶牀、寶帳，其服玩瑰奇珍麗，近古所未有。每當微風吹過，香聞數里，朝日初照，光暎後庭。其下積石為山，引水為池，植以奇樹，雜以花藥。陳後主自居臨春閣，張貴妃居結綺閣，龔、孔二貴嬪居望仙閣，各閣之間有複道交相往來。史書記載，張貴妃髮長七尺，鬢黑如漆，常於結綺閣上靚粧，臨于軒檻，宮中遙望，飄若神仙。百司啟奏，陳後主置張貴妃於膝上共決之。康熙皇帝閱讀陳後主起造臨春、結綺、望仙閣後評論說：「陳構三閣，將以居處娛樂，勢必軒窻弘敞，若果高數十丈，則凌風插雲，烏能卓立乎？」康熙皇帝相信可供居處娛樂的雕樑畫棟，應該是軒窻弘敞，不相信凌風插雲的高樓大廈，可以安然卓立。起居注贊善勵杜訥也認為陳構三閣都是浮誇謬妄之詞。

　　史書記載，唐高祖武德七年（624）十月，高祖幸終南山，謁樓觀老子廟。康熙皇帝指出，唐高祖立老子廟，惑於誕妄之言，遂以老子為祖，而為之立廟，至高宗、明皇復恢張其說，崇信不疑，都是左道異端之說。武德九年（626）六月，秦王李世民以皇太子建成與齊王元吉同謀害己，率兵誅之，史稱玄武門之變。康熙皇帝指出，「秦王既有創業之功，亦饒守成之略，唐高祖審度神器所歸，自當早定大計，顧乃優游不決，坐致慘禍，誠不得辭其責。若秦王英明特達，為有唐之令主，其於建成、元吉豈無委蛇善全之道，必致骨肉相殘，取譏後世，固其謀之未臧，匪獨遭逢不幸也。」史臣亦指出，

「以太宗為賢，失愛於昆弟，失教於諸子，何也？」

唐太宗貞觀元年（627）夏，山東諸州大旱，詔令所在賑恤，無出今年租賦。康熙皇帝認為，「賑恤以惠民，固朝廷之德意，惟慮奉行未善，澤不下究爾，獨蠲其租賦，則比戶均沾，為愛民之實政。」《資治通鑑》記載，貞觀二年（628）七月，唐太宗「謂侍臣曰：古語有之赦者小人之幸，君子之不幸，一歲再赦，善人喑啞。夫養稂莠者害嘉穀，赦有罪者，賊良民。故朕即位以來，不欲數赦，恐小人恃之輕犯憲章故也。」《舊唐書》所載內容較詳，其原文云：

> 太宗謂侍臣曰：「天下愚人，好犯憲章，凡赦宥之恩，唯及不軌之輩。古語曰：『小人之幸，君子之不幸。』『一歲再赦，好人喑啞。』凡養稂莠者傷禾稼，惠姦宄者賊良人。昔文王作罰，刑茲無赦。又蜀先主嘗謂諸葛亮曰：『吾周旋陳元方、鄭康成間，每見啟告理亂之道備矣，曾不語赦也。』夫小人者，大人之賊，故朕有天下已來，不甚放赦。今四海安靜，禮義興行，非常之恩，施不可數，將恐愚人常冀僥倖，唯欲犯法，不能改過。」

康熙皇帝閱讀〈唐太宗謂赦有罪者賊良民〉一節後評論說：「赦者小人之幸，君子之不幸，昔人論之詳矣。諸葛亮治蜀，亦深以赦為非。朕幼時觀之，似乎太刻，及臨御幸以來，稔悉人情，赦誠不可數也，惟當薄稅斂，敦教化，使百姓足衣食，以興禮義，惜廉恥而重犯法，庶幾刑措之風，為致治之本原耳。」衣食足而後知廉恥，移風易俗，改變氣質，才是致治之本。

古人以景星慶雲為大瑞，白狼赤兔為上瑞，蒼烏朱雁為

中瑞，嘉禾芝草樐理為下瑞，歷代帝王多好祥瑞。《資治通鑑》記載，貞觀二年（628）九月，唐太宗詔曰：「比見群臣屢上表賀祥瑞，夫家給人足而無瑞不害為堯舜，百姓愁怨而多瑞不害為桀紂。後魏之世，吏焚連理木煮白雉而食之，豈足為至治乎？」丁未，詔：「自今大瑞聽表聞，自外諸瑞申所司而已。嘗有白鵲構巢於寢殿槐上合歡如腰鼓，左右稱賀。上曰：我常笑隋煬帝好祥瑞，瑞在得賢，此何足賀，命毀其巢，縱鵲於野外。」康熙皇帝閱讀〈唐太宗詔非大瑞不得奏聞〉一節後評論說：「漢俗甚好祥瑞，率多傅會其事，自欺以欺人，如區區鵲巢之異，亦欲表賀，唐太宗拒廷臣之請，識見迥出尋常，至謂瑞在得賢，則卓然名論矣。」相信祥瑞，就是自欺欺人。

　　鉅鹿曲城人魏徵（580-643），好讀書，多所通涉，雅有經國之才，性又抗直。唐太宗新即位，勵精政道，數引魏徵入臥內，訪以得失。魏徵亦喜逢知己之主，知無不言，唐太宗未嘗不欣然納受。魏徵既薨，唐太宗追思不已，嘗臨朝謂侍臣云：「夫以銅為鏡，可以正衣冠；以古為鏡，可以知興替；以人為鏡，可以明得失。朕常保此三鏡，以防己過。今魏徵殂逝，遂亡一鏡矣。」康熙皇帝指出，「唐太宗用魏徵之言，偃武修文，化洽海宇，誠得古帝王善治之道。至其二喜一懼，兢兢以驕奢自戒，尤履盛而謙，安不忘危之至計也。」康熙皇帝閱讀魏徵〈十思疏〉後評論說：「人莫不慎於創業，怠於守成，故善始者，未必善終，惟朝乾夕惕不敢稍自暇逸，乃可臻於上理，魏徵所陳，可謂深識治要。」起居注贊善勵杜訥回應說：「皇上敬天愛民，好學勤政，誠所謂仁至義盡，聲律身度矣，每閱簡冊，猶拳拳於慎始慎終之義，真堯舜兢業

之聖心也。」慎始慎終，創業維艱，守成不易，朝乾夕惕，不可稍自暇逸。

　　荊州江陵人劉洎，疏峻敢言，貞觀七年（633），累拜給事中。貞觀十五年（641），轉治書侍御史。康熙皇帝閱讀〈唐太宗面舉群臣得失謂劉洎私於朋友〉一節後指出，「傳有之云公爾忘私，私於朋友者，必有忝於朝廷，在昔已然，今人愈甚矣。」蕭瑀，高祖梁武帝，曾祖昭明太子。史書記載，蕭瑀聚學屬文，端正鯁亮，好釋氏，常修梵行，每與沙門難及苦空，必詣微旨。唐太宗即位後，遷蕭瑀為尚書左僕射，後貶商州刺史。康熙皇帝閱讀〈唐太宗貶蕭瑀為商州刺史〉一節後評論說：「漢唐以來，士人信從佛教者，往往有之，皆其識見愚昧，中無所主，故為所惑耳，若蕭瑀自請出家，則又愚之至者矣。」《舊唐書・蕭瑀傳》記載，「會瑀請出家，太宗謂曰：『甚知公素愛桑門，今者不能違意。』瑀旋踵奏曰：『臣頃思量，不能出家。』太宗以對群臣吐言而取捨相違，心不能平。瑀尋稱足疾，時詣朝堂，又不入見，太宗謂侍臣曰：『瑀豈不得其所乎，而自慊如此？』」唐太宗在手詔中指出，「梁武窮心於釋氏，簡文銳意於法門，傾帑藏以給僧祇，殫人力以供塔廟。及乎三淮沸浪，五嶺騰煙，假餘息於熊蹯，引殘魂於雀鷇。子孫覆亡而不暇，社稷俄頃而為墟，報施之徵，何其繆也。」

　　洺州武安人李君羨，初為王世充驃騎，因惡王世充為人，乃與其同黨叛降李世民，李世民引為左右，從討劉武周、王世充等，每戰必單騎先鋒陷陣，前後賜以宮女、馬牛、黃金、雜綵等，不可勝數。唐太宗即位後，累遷華州刺史，封武連郡公。《舊唐書・李君羨傳》有一段記載云：

　　貞觀初，太白頻晝見，太史占曰：「女主昌。」又有謠言：「當有女武王者。」太宗惡之。時君羨為左武衛將軍，在玄武門。太宗因武官內宴，作酒令，各言小名。君羨自稱小名「五娘子」，太宗愕然，因大笑曰：「何物女子，如此勇猛！」又以君羨封邑及屬縣皆有「武」字，深惡之。會御史奏君羨與妖人員道信潛相謀結，將為不軌，遂下詔誅之。天授二年，其家屬詣闕稱冤，則天乃追復其官爵，以禮改葬。

　　康熙皇帝閱讀〈唐太宗時殺華州刺史李君羨〉一節後評論稱，「讖緯之說本不足據，如唐太宗以疑誅李君羨，既失為政之體，而又無益於事，可為信讖者之戒。」

　　唐高宗第五子李弘，於永徽四年（653）封為代王。顯慶元年（656），立為皇太子。上元二年（675）四月，皇太子李弘從幸合璧宮，薨於合璧宮綺雲殿。康熙皇帝閱讀〈唐高宗時太子弘以忤天后遽薨〉一節後指出：「弘之奏請義陽、宣城二公主出降，洵仁厚之至意，第時方母后逞志、宜曲為感悟，徐俟轉移，徑上聞於君父，致觸母后之怒，亦有自取之咎云。」《新唐書・后妃傳》記載，「蕭妃女義陽、宣城公主幽掖廷，幾四十不嫁，太子弘言于帝，后怒，酖殺弘。帝將下詔遜位于后，宰相郝處俊固諫，乃止。」引文中的「后」，即指則天武皇后。上元元年（674），唐高宗稱天皇，武皇后稱天后，世稱二聖。翌年，天后酖殺太子弘。

　　趙州欒城人閻朝隱，少時與兄閻鏡幾、弟閻仙舟皆著名，連中進士、孝悌廉讓科，補陽武尉。《新唐書・文藝》，「中宗為太子，朝隱以舍人幸。性滑稽，屬辭奇詭，為武后所賞。累遷給事中、仗內供奉。后有疾，令往禱少室山，乃沐浴，

伏身俎盤為犧，請代后疾。還奏，會后亦愈，大見褒賜，其資佞諂如此。」康熙皇帝閱讀〈武后不豫闔朝隱禱少室山事〉一節後指出，「朝隱自為犧牲，沐浴伏俎，上請代太后命，此小人獻媚之極致，亦不足道，第武后遂喜而厚賞之，則崇長諂諛，甚為失體。」并州太原人狄仁傑（630-700），唐高宗時為大理丞。武后天授二年（691）九月，轉地官侍郎、判尚書，同鳳閣鸞臺平章事，恩寵無比。久視元年（700），狄仁傑病卒，武則天為之舉哀，廢朝三日。康熙皇帝閱讀〈狄仁傑卒太后泣云朝堂空矣〉一節後指出：「仁傑在當時為諸臣第一，武后亦以第一流目之，人臣特患不能竭忠為國爾，若果盡誠無二，不以身家為念，雖當艱危之際，亦可深蒙主眷，況朝廷清明乎！」

　　唐玄宗李隆基，性英武，善騎射，通音律，始封楚王，後為臨淄郡王。唐睿宗景雲元年（710），臨淄郡王李隆基率萬騎兵討亂，誅韋氏等。《資治通鑑》記載，「時羽林將士皆屯玄武門，逮夜，葛福順、李仙鳧皆至隆基所請號而行。向二鼓，天星散落如雪。劉幽求曰：『天意如此，時不可失！』。」康熙皇帝閱讀〈唐臨淄王隆基討韋氏，天星亂落如雪〉一節後指出：「凡天星皆有定數，若史冊所紀星隕頗多，甚至亂落如雪，果爾則星之殘缺不可勝數矣，何至今猶燦然如故耶？此等必流星過度，誤以為隕落也。」

　　道士司馬承禎，河內溫人，少好學，薄於為吏，遂為道士，遍遊名山，後於天台山修行，景雲二年（711），唐睿宗令其兄李承禕就天台山追司馬承禎至京，引入宮中，問以陰陽術數之事。司馬承禎對曰：「道經之旨：為道日損，損之又損，以至於無為。且心目所知見者，每損之尚未能已，豈復

攻乎異端，而增其智慮哉！」睿宗曰：「理身無為，則清高矣。理國無為，如何？」司馬承禎對曰：「國猶身也。老子曰：『遊心於澹，合氣於漠，順物自然而無私焉，而天下理。』易曰：『聖人者，與天地合其德。』是知天不言而信，不為而成。無為之旨，理國之道也。」睿宗歎息曰：『廣成之言，即斯是也。』司馬承禎固辭還山。」康熙皇帝閱讀〈道士司馬承禎對唐睿宗語〉一節後指出：「陰陽術數，道士且不屑為，況人主日御萬幾，何暇及此？睿宗之問為失言矣，承禎應對，確有至理，固請還山，尤見高致。

　　唐玄宗開元二年（714），內出珠玉錦繡等服玩，玄宗令於正殿前焚之。《資治通鑑》記載：「是年秋七月，制乘輿服御金銀器玩宜令有司銷毀，以供軍國之用，其珠玉錦繡，焚於殿前，后妃以下皆毋得服珠玉錦繡。」康熙皇帝閱讀〈唐明皇焚珠玉錦繡於殿前〉一節後指出，「人主崇尚節儉，自是美德，第當近情平易，不可矯激太甚，如唐明皇以珠玉錦繡焚之殿前矣，未幾復遣使求珠翠奇寶，何前後之判然不侔耶？銳始者，必鮮終，人情大抵然也。」誠然「靡不有初，鮮克有終」，可不慎哉！康熙皇帝閱讀〈唐明皇殺三子〉一節後指出，「人主信任讒佞，不能自保其子，如漢武帝巫蠱之篇，每不忍觀，況一日殺三子乎？奸邪之害人，家國亦慘毒之至哉！」天寶十五年（756），安祿山稱大燕皇帝，楊國忠勸玄宗幸蜀，至馬嵬頓，六軍不進，請誅楊國忠，賜楊貴妃自盡。康熙皇帝閱讀〈唐明皇次於馬嵬軍士殺楊國忠〉一節後評論說：「唐明皇躭於逸樂，任用楊國忠，以致倉卒出奔，軍士憤怨，是其素所逸樂者，即取禍之道也。歷觀史冊，比比皆是矣。」康熙皇帝閱讀〈李光弼與史思明戰于卬山敗績〉一節

後指出，「兵機遲速關係最重，利害所爭，間不容髮。有宜速而遲者，固失事機，有宜遲而速者，亦患於輕躁，皆足取敗。至于輕信僉王浮說，及令中使督師，往往僨事，以致全軍覆沒，如魚朝恩之促李光弼者，何可勝數，明季亦坐此弊。」

唐代宗大曆二年（767）十二月，《舊唐書‧郭子儀傳》有一段記載，「盜發子儀父墓，捕盜未獲。人以魚朝恩素惡于儀，疑其使之。子儀心知其故，及自涇陽將入，議者慮其構變，公卿憂之。及子儀入見，帝言之，子儀號泣奏曰：『臣久主兵，不能禁暴，軍士殘人之墓，固亦多矣。此臣不忠不孝，上獲天譴，非人患也。』朝廷乃安。」康熙皇帝閱讀〈郭子儀因盜發父塚，乃以天譴引咎〉一節後評論說：「自漢唐以來之勳臣，功名最盛，而福祚克全者，以郭子儀為首稱。非其得於天者獨厚也，良由蕭辈謙沖，不敢以功業自矜，故能終身顯榮，聲施後世，觀其自謂不能禁暴，乃遭天譴數語，其虛懷卓識過人遠矣。」康熙皇帝讚郭子儀有過人的虛懷卓識，確實是郭子儀終身顯榮，聲施後世的主要原因。

大曆十四年（779）五月，唐代宗駕崩，唐德宗李适即位。同年七月，詔罷天下榷酒。《資治通鑑》對「罷天下榷酒收利」的始末，有一段敘述，「唐初無酒禁，乾元元年，京師酒貴，肅宗以廩食方屈，乃禁京師酤酒，以麥熟如初，二年，饑，復禁酤，廣德二年，定天下酤戶，以月收稅。」康熙皇帝閱讀〈唐德宗時罷榷酒酤〉一節後評論說：「酒之靡穀甚多，若能禁止，穀必有餘，第在地方官相機裁抑，使民自然樂從，斯為有益，如必自朝廷禁之，則恐奉行不善，反滋弊端矣。」康熙皇帝曲體民隱，乃有此論。

唐德宗建中四年（783），節度使朱泚反，入長安。翰林

學士陸贄從駕幸奉天。《舊唐書‧陸贄傳》記載，「先是，鳳翔衙將李楚琳乘京師之亂，殺節度使張鎰，歸款朱泚；及奉天解圍，楚琳遣使貢奉，時方艱阻，不獲已，命為鳳翔節度使。然德宗忿其弒逆，必不能容，纔至漢中，欲令渾瑊代為節度。贄諫曰：『楚琳之罪，固不容誅，但以乘輿未復，大憝猶存，勤王之師，悉在畿內，急宣速告，晷刻是爭。商嶺則道迂且遙，駱谷復為賊所扼，僅通王命，唯在褒斜，此路若又阻艱，南北便成隔絕。以諸鎮危疑之勢，居二逆誘脅之中，恟恟群情，各懷向背。賊勝則往，我勝則來，其間事機，不容差跌。儻楚琳發憾，公肆猖狂，南塞要衝，東延巨猾，則我咽喉梗而心膂分矣，其勢豈不病哉！』上釋然開悟，乃善待楚琳使，優詔安慰其心。」康熙皇帝閱讀〈陸贄奏代〔貸〕李楚琳事〉一節後指出，「陸贄章奏甚多，莫不竭忠盡志，悉中機宜，此尤務全國體，深有合於王道，雖遭時不淑，其嘉謨碩畫，足為臣子進言之法。」唐德宗在東宮時，素知陸贄名。陸贄性忠藎，君臣互動良好，感人主重知，政或有缺失，巨細必陳，其嘉謨碩畫，確實足為臣子進言之法。

　　隴右臨洮人李晟，身長六尺，善騎射，勇敢絕倫，累遷左羽林大將軍同正，屢立戰功。康熙皇帝閱讀〈李晟表請為僧不許，懇辭方鎮亦不許〉一節後指出：「李晟雖遭讒間，不能坦然自信，則未嘗學問之過也。凡人臣善處功名者不多槩見，惟在帝王加意保全之，斯可得善始善終耳。」

　　戰國時期秦將白起，善用兵，長平之役，坑殺趙降卒四十萬。康熙皇帝閱讀〈唐德宗時詔葺白起廟贈兵部尚書〉一節後評論說：「白起即當褒贈，而因或人虛誕之言，亦非政體，況起之殘忍好殺，不可以饗俎豆而風示將帥也明甚，德宗之

舉有兩失矣。」白起殘忍好殺，立廟祭祀，有失政體，亦不足以風示將帥。

唐德宗建中年間（780-783），節度使朱泚等並反。唐德宗指出，「建中之亂，術士豫言之，蓋天命也。」康熙皇帝認為「天下託命于人主，而相職佐君以有為，故朝廷振作，則慶流宗社，澤被烝民，非時命所得而主也。李泌云：惟君相不可言命，確是實理。」盡人事聽天命，但君相不可言命。

史書記載，南詔為烏蠻別種，蠻語謂王為「詔」。唐玄宗天寶七年（745），閣羅鳳襲雲南主。唐代宗天曆十四年（779），閣羅鳳子鳳迦異先閣羅鳳死，立鳳迦異子異牟尋為雲南王。閣羅鳳、鳳迦異、異牟尋，祖孫三代，仍行連名制，以名字最後一字，為下一代名字第一字，即以閣羅鳳的「鳳」，為其子鳳迦異的第一字，以鳳迦異的「異」為其子異牟尋的第一字，父子連名，可追溯其始祖。唐德宗貞元十年（794），唐朝冊封異牟尋為南詔王。康熙皇帝閱讀〈唐德宗撫納雲南王異牟尋〉一節後評論說：「帝王於要荒之外，非不欲聲教遐暨，第未免煩後慮耳。觀唐德宗之招雲南等部，以弱吐蕃，而卒以為患，可知懷遠有道，不必強致之也。」

河東人裴潾，少篤學，善隸書，以門蔭入仕，累遷右拾遺，轉左補闕。唐憲宗晚年，銳於服餌，詔天下搜訪奇士。宰相皇甫鎛與金吾將軍李道古挾邪固寵，薦山人柳泌及僧大通等，待詔翰林。憲宗服柳泌藥，日增躁渴，流聞於外。裴潾上疏諫柳泌之藥不可服。《舊唐書・裴潾傳》詳載原疏云：

> 臣聞除天下之害者，受天下之利；共天下之樂者，饗天下之福。故上自黃帝、顓頊、堯、舜、禹、湯，下及周文王、武王，咸以功濟生靈，德配天地，故天皆

報之以上壽，垂祚於無疆。伏見陛下以大孝安宗廟，
以至仁牧黎元。自踐祚已來，剗積代之妖凶，開削平
之洪業。而禮敬宰輔，待以終始，內能大斷，外寬小
故。夫此神功聖化，皆自古聖主明君所不及，陛下躬
親行之，實光映千古矣。是則天地神祇，必報陛下以
山岳之壽；宗廟聖靈，必福陛下以億萬之齡；四海蒼
生，咸祈陛下以覆載之永。自然萬靈保祐，聖壽無疆。
伏見自去年已來，諸處頻薦藥術之士，有韋山甫、柳
泌等，或更相稱引，迄今狂謬，薦送漸多。臣伏以真
仙有道之士，皆匿其名姓，無求於代，潛遁山林，滅
影雲壑，唯恐人見，唯懼人聞。豈肯干謁公卿，自鬻
其術？今者所有誇衒藥術者，必非知道之士，咸為求
道而來，自言飛鍊為神，以誘權貴賄賂。大言怪論，
驚聽惑時，及其假偽敗露，曾不恥於逃遁。如此情狀，
豈可保信其術，親餌其藥哉？《禮》曰：「夫人食味別
聲，被色而生者也。」《春秋左氏傳》曰：「味以行氣，
氣以實志。」又曰：「水火醯醢鹽梅，以烹魚肉。宰夫
和之，齊之以味。君子食之，以平其心。」夫三牲五
穀，稟自五行，發為五味，蓋天地生之所以奉人也，
是以聖人節而食之，以致康強逢吉之福。若夫藥石者，
前聖以之療疾，蓋非常食之物。況金石皆含酷烈熱毒
之性，加以燒治，動經歲月，既兼烈火之氣，必恐難
為防制。若乃遠徵前史，則秦、漢之君，皆信方士，
如盧生、徐福、欒大、李少君，其後皆姦偽事發，其
藥竟無所成。事著《史記》、《漢書》，皆可驗視。《禮》
曰：「君之藥，臣先嘗之；親之藥，子先嘗之。」臣子

一也，臣願所有金石，鍊藥人及所薦之人皆先服一年，以考其真偽，則自然明驗矣。伏惟元和聖文神武法天應道皇帝陛下，合日月照臨之明，稟乾元利貞之德，崇正若指南，受諫如轉規，是必發精金之刃，斷可疑之網。所有藥術虛誕之徒，伏乞特賜罷遣，禁其幻惑。使浮雲盡徹，朗日增輝，道化侔羲、農，悠久配天地，實在此矣。伏以貞觀已來，左右起居有褚遂良、杜正倫、呂向、韋述等，咸能竭其忠誠，悉心規諫。小臣謬參侍從，職奉起居，侍從之中，最近左右。《傳》曰：「近臣盡規。」則近侍之臣，上達忠款，實其本職也。

裴潾疏奏忤旨，貶為江陵令。唐穆宗即位後，柳泌等伏誅。康熙皇帝閱讀〈唐憲宗時裴潾闢柳泌之藥不可服〉一節後指出：「金石性烈，烹煉益毒，從古餌之被害者眾矣。後人猶蹈覆轍，何也？夫金石固不可餌，即養生家服氣之說，亦屬矯揉。朕嘗體中小不平尋味參同契諸道書，殊無所益，靜覽《性理》一編，遂覺神志清明，舉體強固，足見方士家言皆不可信。」煉丹食之被害者，不可勝數，靜覽《性理全集》確實可以神志清明，修真養性。

唐文宗在位期間（827-840），牛、李黨爭，十分激烈。大和四年（830），牛僧儒為相，排李德裕黨。大和七年（833），李德裕為相，罷牛僧儒。康熙皇帝閱讀〈唐文宗與李德裕言朋黨事〉一節後指出，「人受天地之中以生，所謂公心也，公好公惡，豈可阿徇，若曲附朋黨，滅天理，喪人心，無所不至矣。士流讀書明理，至於如此，尚不愧衾影哉！」康熙皇帝相信曲附朋黨是「滅天理，喪人心」的行為。

唐懿宗李漼，宣宗長子，在位四十四年（860-873），康熙

皇帝閱讀〈唐懿宗拜十六陵發明非之〉一節後評論說：「古人雖重廟祭，然陵寢所在，拜之未為非禮。《傳》云：『過墓思哀』，乃人情也，故天下風俗雖殊，至于拜墓，則四海同然矣，尹起莘之言，於理未確。」孝道觀念，四海同然。

瀛洲景城人馮道（882-954），好學能文，後唐明宗長興三年（930），馮道以諸經舛謬，倡議校定《九經》，並組織刻印，開官府大規模刻書之端。後唐明宗天成、長興年間（936-933），天下屢稔，朝廷無事。《舊五代史·周書》記載，「明宗每御延英，留道訪以外事，道曰：『陛下以至德承天，天以有年表瑞，更在日慎一日，以答天心。臣每記在先皇霸府日，曾奉使中山，經井陘之險，憂馬有蹶失，不敢怠于銜轡。及至平地，則無復持控，果為馬所顛仆，幾至于殞。臣所陳雖小，可以喻大。陛下勿以清晏豐熟，便縱逸樂，兢兢業業，臣之望也。』明宗深然之。」康熙皇帝閱讀〈馮道對唐明宗謂歷險則謹而無失，平路則逸而巔蹶〉一節後評論說：「粵稽史冊，國家當蒙休集慶之後，率以豐亨豫大弛其兢業之心，漸致廢墜者，往往有之，所以古昔聖賢每于持盈保泰之際三致意焉。馮道以明宗喜有年而設譬以對，猶得古人遺意，雖道之生平不足比數，而其言固自可採也。」馮道歷任後唐、後晉、後漢、後周四朝，事十君，三入中書，在相位二十餘年，視喪君亡國，不以為意，自號長樂老，嘗著《長樂老自敘》，陳己履歷以為榮，為後世所鄙。《舊唐書·馮道傳》記載，「史臣曰：道之履行，鬱有古人之風；道之宇量，深得大臣之體。然而事四朝，相六帝，可得為忠乎！夫一女二夫，人之不幸，況於再三者哉！所以飾終之典，不得諡為文貞、文忠者，蓋謂此也。」康熙皇帝閱讀〈馮道卒〉一節後指出：「自後晉至

周，皆以篡得國，馮道歷臣其比肩事主之人，其俯仰愧怍不
識當何若矣。乃猶著長樂老以自述其榮遇，當時反以德量稱
之，四維不張，于茲為甚，無惑乎其亂亡接踵也。」女人不
事二夫，男人不事二主，馮道事四朝，相六帝，禮義廉恥，
四維不張。康熙皇帝閱讀〈五代紀〉後指出：「六朝五代，于
開國之初，貽謀率多未善，一切舉動，苟且目前，殊無久長
之計，以視漢唐之規模宏遠，相去奚啻徑庭。」五代六朝，
四維不張，貽謀未善，亂亡接踵。

　　宋太祖趙匡胤，在位凡十六年（960-975），《宋史・太祖
本紀》記載，「帝性孝友節儉，質任自然，不事矯飾。受禪之
初，頗好微行，或諫其輕出。曰：『帝王之興，自有天命，周
世宗見諸將方面大耳者皆殺之，我終日侍側，不能害也。』
既而微行愈數，有諫，輒語之曰：『有天命者任自為之，不汝
禁也。』」康熙皇帝閱讀〈宋太祖欲察群情向背頗為微行〉一
節後指出：「宋太祖欲察人情而不安于深宮宴處，洵勵精求治
之心，第當命駕時巡，省方問俗，進窮簷之父老而使得自言
其疾苦，則民隱足以周知，可無九閽萬里之隔矣，何必僕僕
微行以自輕耶？」帝王命駕時巡，省方問俗，周知民隱，是
勵精求治的表現，康熙皇帝對宋太祖僕僕微行以自輕，頗不
以為然。

　　開寶四年（971），宋太祖命潭州防禦使潘美等率師討南
漢劉鋹，破之。《宋史・南漢劉氏世家》記載，劉鋹「作燒煮
剝剔、刀山劍樹之刑，或令罪人鬥虎抵象。」康熙皇帝閱讀
〈南漢主作燒煮剝剔、刀山劍樹之刑〉一節後指出：「愚民自
罹法網，情罪昭然，萬無可生之路，必不得已而刑之，尚覺
惻然不忍，何得于五刑之外，恣為慘酷殘民以逞耶？」古代

以墨、劓、荆、宮、大辟為五刑，唐律於名例之首，列笞、杖、徒、流、死五刑，明清律例因之，南漢劉鋹於五刑之外，又增燒煮剝剔、刀山劍樹等刑，確實是殘忍以逞，有傷天理。

《宋史》記載，宋太祖乾德五年（967），五星聚奎。奎，指奎宿，二十八宿之一，白虎七宿的首宿。五星聚奎，習稱五星聯珠，指金、木、水、火、土五行星同時並見於奎宿。康熙皇帝閱讀〈宋太祖時五星聚奎〉一節後評論說：「**五星之行于天，度數不同，遲速各異，何由聚于一宿，雖史冊書之，考之天文，斷之以理，終不可信。**」

大名人潘美，少倜儻，隸府中典謁，宋太祖禮遇潘美，信任於得位之初，受征討之託。康熙皇帝閱讀〈宋太祖時潘美用樊若水策造浮梁渡江〉一節後指出：「**江勢之洶湧，浮梁似乎難結，或當時聯舟而濟也，即如晉伐吳時，吳以鐵索截江，晉用炬鎔斷之。夫以鐵之重，截江之關，何能浮而不沉？此皆紀事者未及深思之故。**」

宋真宗趙恒，宋太宗第三子，在位二十五年（998-1022），大中祥符元年（1008），新喻人王若欽假造天書。《宋史・真宗本紀》記載，「**大中祥符元年春正月乙丑，有黃帛曳左承天門南鴟尾上，守門卒塗榮告，有司以聞。上召群臣拜迎于朝元殿啟封，號稱天書。**」《宋史・王欽若列傳》亦載，大中祥符初，為封禪經度制置使兼判兗州，為天書儀衛副使。先是，真宗嘗夢神人言『賜天書於泰山』，即密諭欽若。欽若因言，六月甲午，木工董祚於醴泉亭北見黃素曳草上，有字不能識，皇城吏王居正見其上有御名，以告。欽若既得之，具威儀奉導至社首，跪授中使，馳奉以進。真宗至含芳園奉迎，出所上『天書再降祥瑞圖』示百僚。」康熙皇帝閱讀〈宋真宗時

天書見于承天門〉一節後指出：「虛誕之說欺人且不可，況假為書詞以欺天乎？宋真宗之蔽惑不待言也，王欽若小人之尤以致其君過舉，罪難逭矣。」

大中祥符元年（1008）四月，作昭應宮。同年十月，享昊天上帝於圜臺，陳天書於左，以太祖、太宗配。康熙皇帝閱讀〈宋真宗時作玉清昭應宮〉一節後指出：「宋真宗以天書之故，作此宮以奉之，勞民傷財，置于無用之地，復為御容，以待天書，命大臣兼領宮使，何所取義，甚不可解。」

大名莘人王旦，好學有文，大中祥符初，為天書儀仗使，從封泰山。累遷玉清昭應宮使，天書使。臨終疾甚，戒弟子「我家盛名清德，當務儉素，保守門風，不得事於泰侈，勿為厚葬以金寶置柩中。」康熙皇帝閱讀〈王旦遺令諸子削髮披緇以斂〔殮〕〉一節後指出：「王旦輔弼大臣，不能救正天書之失，負職甚矣，至於臨歿之時，悔心始萌，亦已無及。復遺令削髮披緇以斂，是其心猶謂佞佛可以免過，則平日之崇信異端，不能篤守正道，益較然可覩矣。」康熙皇帝崇儒重道，就是篤守正道的表現。《資治通鑑綱目》，省稱《通鑑綱目》，宋朱熹據司馬光《資治通鑑》而作，其起訖皆依《資治通鑑》，凡五十九卷。康熙皇帝閱讀〈宋仁宗時夏人寇渭川旗左麾左伏起右麾右伏起〉一節後評論說：「史筆須勁質高潔，言簡而事詳，朕覽《綱目》續編，文氣薄弱，字句之間，每多冗雜，有似稗官小說者，較之正編相去遠矣。至發明廣義，率勤襲陳言，泛濫無當，且議論偏謬，尤不足觀。」康熙皇帝肯定了《通鑑綱目》的優點。

澤州晉城人劉羲叟，強記多識，長於星曆、術數。宋仁宗皇祐年間（1049-1053），胡瑗鑄鐘弇而直，聲鬱不發。陝西

鑄大錢，劉羲叟指出，「此所謂害金再興，與周景王同占，上將感心腹之疾。」康熙皇帝閱讀〈劉義〔羲〕叟以鍾〔鐘〕聲弇鬱謂之害金帝當感心腹之疾〉一節後評論說：「樂以昭功德召和氣，當從其大者言之，偶爾之疾，亦屬感應，毋乃瑣屬乎？況古樂久失其傳，義叟何所考據，不過憑臆之詞，好事者遂為之傅會爾！」康熙皇帝閱讀〈司馬光上宋仁宗箚子〉一節後評論說：「司馬光立朝行已正大和平，無幾微之可議，不祗冠有宋諸臣，求之歷代，亦不可多得。其論君德有三曰：仁、明、武。治道有三曰：任官信賞必罰，要言至理，可書丹宸座右，萬世不易也。」宋神宗即位，擢司馬光為翰林學士，司馬光力辭。神宗曰：「古之君子，或學而不文，或文而不學，惟董仲舒、揚雄兼之。卿有文學，何辭為？」司馬光對以：「臣不能為四六。」神宗曰：「如兩漢制詔可也；且卿能進士取高第，而云不能四六，何邪？」竟不獲辭。康熙皇帝閱讀〈宋英宗〔神宗〕時司馬光以不能四六辭翰林學士〉一節後評論曰：「司馬光綜史傳為通鑑，其學殖淹博，文詞最為典雅，豈不能為四六者，蓋因宋承五季之後，時猶崇尚排偶，競趨浮華，故光以不能四六為辭，所以矯當世之失而欲返之于淳朴，其用意良深矣。固非如後世鄙陋無文之人，高談性命而蔑視辭章，以自文其不學者所得而藉口也。」

　　宋神宗熙寧年間（1068-1077），以王安石為相，推行新法，稱「熙寧變法」。元豐七年（1084），司馬光上《資治通鑑》。元豐八年（1085），宋神宗駕崩。太子趙煦立，高太后聽政，是為哲宗。宋哲宗元祐元年（1086），以司馬光為相，《宋史·司馬光列傳》記載，「是時天下之民，引領拭目以觀新政，而議者猶謂『三年無改於父之道』，但毛舉細事，稍塞人言。光

曰：『先帝之法，其善者雖百世不可變也。若安石、惠卿所建，為天下害者，改之當如救焚拯溺。況太皇太后以母改子，非子改父。』眾議甫定。遂罷保甲團教，不復置保馬；廢市易法，所儲物皆鬻之，不取息，除民所欠錢；京東鐵錢及茶鹽之法，皆復其舊。」康熙皇帝閱讀〈司馬光謂改新法當如救焚拯溺〉一節後評論曰：「宋哲宗之初，廷臣咸欲革除新法，猶以改父之政為嫌，司馬光毅然為以母改子，遂使群疑立釋，可謂要言不煩，善處大事者矣。若以紹聖更法，遂尤其建議之際，已留瑕隙，令惠卿輩得持其短長，是皆事後之見爾。」熙寧元年（1068）四月，宋神宗詔王安石入對。康熙皇帝閱讀〈宋神宗時詔王安石越次入對〉一節後論曰：「王安石賦性堅僻，動輒援引古義，以文其執拗之私心，而又口給便捷，應辯不窮，足以惑亂人主之聽，所謂大奸似忠，大詐似信也。」康熙皇帝閱讀〈宋神宗時蘇軾言求治太急、聽言太廣、進人太銳〉一節後論曰：「宋神宗勵精圖治，王安石遂以新奇可喜之說雜沓並進，漸致海內莈然，民生重困。蘇軾云：願鎮以安靜，待事之來，然後應之，深得致治大體，不祇為當時藥石。至其條奏詳明，洋洋纚纚，忌者乃以縱橫譏之，非公論矣。」康熙皇帝閱讀〈宋神宗時用巨木為濬川杷〉一節後評論說：「杷之不可以濬川，雖庸俗皆知之，當時決違眾議，特置濬河司，設官以主其事，迂疎之甚。」杷，是木、竹製成有齒之農具，以杷濬川，並不可行。

　　宋神宗熙寧六年（1075）七月起至七年三月，天旱不雨，人無生意，流民扶携塞道，羸瘠愁苦，身無完衣。城民買麻秕麥麩，合米為糜，或吃木實草根。福州福清人鄭俠知王安石不可諫，於是繪製流民圖具疏呈覽。略云：「去年大蝗，秋

冬亢旱，麥苗焦枯，五種不入，群情懼死；方春斬伐，竭澤
而漁，草木魚鼈，亦莫生遂。災患之來，莫之或禦。願陛下
開倉廩，賑貧乏，取有司掊克不道之政，一切罷去。冀下召
和氣，上應天心，延萬姓垂死之命。今臺諫充位，左右輔弼
又皆貪狠近利，使夫抱道懷識之士，皆不欲與之言。陛下以
爵祿名器，駕馭天下忠賢，而使人如此，甚非宗廟社稷之福
也。竊聞南征北伐者，皆以其勝捷之勢、山川之形，為圖來
獻，料無一人以天下之民質妻鬻子，斬桑壞舍，流離逃散，
遑遑不給之狀上聞者。臣謹以逐日所見，繪成一圖，但經眼
目，已可涕泣。而況有甚於此者乎！如陛下行臣之言，十日
不雨，即乞斬臣宣德門外，以正欺君之罪。」神宗反覆觀圖，
寢不能寐。康熙皇帝閱讀〈鄭俠上流民圖〉一節後評論說：「熙
寧之時，民苦新法，如在湯火，鄭俠以疎遠小臣繪圖上聞，
其為民請命，忠讜激切之心，猶可想見。」

　程頤於書無所不讀，其學本於誠，以《大學》、《論語》、
《中庸》、《孟子》為標指，而達於《六經》，宋哲宗擢為崇政
殿說書。程頤每進講，色甚莊，繼以諷諫。史書記載，程頤
聞宋哲宗在宮中盥而避蟻，恐傷之。程頤疏言，「推此心以及
四海，帝王之要道也。」康熙皇帝閱讀〈宋哲宗時召程頤為
崇政殿說書〉一節後評論說：「歷代講筵之設，率臨御殿廷，
諸臣拱侍，不過進講數行，徒了故事而已。夫有何益？必清
宮便殿潛心誦讀，朝夕研究，始能貫通義理，有會於心。」
康熙皇帝研求治道，崇儒重道，潛心誦讀儒家經典，自昧旦
以至夜分，手不釋卷。

　史書記載，童貫性巧媚，自給事宮掖，即善策人主微指，
先事順承。康熙皇帝閱讀〈宋徽宗時詔童貫等勒兵巡邊以應

金〉一節後評論說：「遼之建國在宋之先，相鄰百有餘年，一旦乘遼之敝，結金以圖之，不知唇亡齒寒，失策極矣。刓信誓昭然，甘于背棄，其不祥孰大焉？固不待靖康之末而知其顛覆已。」

宋徽宗建中靖國元年（1101），章惇免，以蔡京為相。崇寧五年（1106），蔡京有罪免。康熙皇帝閱讀〈宋徽宗時勒蔡京致仕〉一節後評論說：「蔡京以庸劣之流，依附小人，以圖登進，即當燭其奸回，決意屏黜，迨其誤國而始逐之，已無及矣。用人之道，誠不可不慎之于始也。」

宋欽宗靖康元年（1126），金兵渡河，徽宗東幸，宰執議請欽宗暫避敵鋒，奉旨以李綱為東京留守。康熙皇帝閱讀〈宋欽宗時以李綱為東京留守〉一節後指出：「李綱之忠悃篤摯，誠有大過人者，第靖康之時，國勢已不可為，即使盡行其言，久居其位，亦未必有濟也。」

婺州義烏人宗澤，自幼豪爽有大志，勇敢善戰。宋欽宗靖康二年（1127）正月，宗澤至開德，與金兵戰，十三戰皆捷。康熙皇帝閱讀〈宋欽宗時宗澤與金人十三戰皆捷〉一節後指出：「欽宗失國，距此纔四月爾，宗澤一木之支，其力幾何？十三戰皆捷，似有虛冒也。曩進剿逆賊時，我兵偶失利，綠旗營將猶以捷聞，將軍詰之，則曰：明朝舊例皆然，可見陋習相沿，其來已久。」康熙皇帝相信綠營陋習相沿，其來已久。康熙皇帝閱讀〈宗澤聞警猶對客圍棋〉一節後評論說：「兵凶戰危，大將臨敵，當如何戒懼？可與客對奕乎？或其時亦有矯情鎮物之意，紀事者未必不加飾其辭爾。」

宋欽宗靖康二年（1127）正月，宋高宗趙構即位於南京，改元建炎。靖康初，陽翟人曹勛，為閤門宣贊舍人，從徽宗

北遷，過河十餘日，徽宗出御衣書領中曰：「可便即真，來救父母。」其後，曹勛自燕山歸，建炎元年（1127）七月，至南京，以御衣進呈，宋高宗泣以示輔臣。曹勛建議募死士航海入金國東京，奉徽宗由海道歸。康熙皇帝閱讀〈宋高宗時曹勛建議謀奉上皇由海道歸〉一節後指出：「徽欽北行年餘，宋之諸臣未有能畫一策者，曹勛所議，雖陟險道，未必得當，然其亟于君父之心，則猶可取也。」

　　吳璘，隴干人，吳玠弟，少好騎射，從吳玠攻佔，積功至閤門宣贊舍人。《宋史·吳璘列傳》記載，「初，胡盞與習不祝合軍五萬屯劉家圈，璘請討之。世將問策安出，璘曰：『有新立疊陣法：每戰，以長槍居前，坐不得起；次最強弓，次強弩，跪膝以俟；次神臂弓。約賊相搏至百步內，則神臂先發；七十步，強弓併發；次陣如之。凡陣，以拒馬為限，鐵鈎相連，俟其傷則更代之。遇更代則以鼓為節。騎，兩翼以蔽於前，陣成而騎退，謂之疊陣。』」康熙皇帝閱讀〈宋高宗時吳璘新立疊陣法〉一節後論曰：「鋒鏑相接，迅不及停，何暇約計為百步則用神臂弓，七十步則用強弓，從容擬議若是耶？是皆全不知兵，徒于紙上談之，乃謂以此取勝，恐未必然。」康熙皇帝閱讀〈宋高宗作損齋〉一節後指出：「宋高宗以損名齋，自是清心寡欲之意，第當其時正宜奮勵有為，非僅澹泊撝謙可以恢復大業，即此一端觀之，知其優游苟且而無振作之志矣。」靖康恥未雪，確實非僅澹泊撝謙可以恢復大業。

　　宋高宗紹興三十二年（1162）六月，降御札：「皇太子可即帝位，朕稱太上皇帝，退處德壽宮。」宋孝宗即位後，詔五日一朝德壽宮，旋詔以太上皇不許五日一朝，自今月四朝。

康熙皇帝閱讀〈宋孝宗時月四朝太上皇〉一節後指出：「上皇在御自當乘暇問視，豈可限定朝見之期，孝宗于宋，固敦倫之主，乃以月四朝，遂盛稱于史冊，何所見之狹也。」乾道四年（1168）正月，宋孝宗幸天竺寺玉津園。康熙皇帝閱讀〈宋孝宗時從太上皇幸玉津園〉一節後指出：「人子愛日之誠，從幸園亭，未為不可，論者則極非之，若唐太宗奉太上皇置酒未央宮，又以止于一見為孝養之缺，務為刻論，互相矛盾，悖謬至矣。」康熙皇帝閱讀〈宋孝宗作敬天圖〉一節後指出：「敬天以實，不以文，《詩》所云，不顯亦臨，小心翼翼，昭事上帝。皆常存敬畏，不因有所見而始惕也。宋孝宗作敬天圖，尚隔一膜，虞允文之言，可謂切至。」康熙皇帝閱讀〈宋孝宗時陳賈請禁道學〉一節後指出：「宋之諸臣排擊程、朱，以偽道學斥之，固非正論。若塗飾言貌，襲取君子之名，其隱微踐履，實不可以告人者，則又不可不辨。設以假竊之徒盡目之為道學，是宋室之與聞性天者，更多於孔門也。」概以偽道學斥之，無異妄廢正人。

宋孝宗淳熙十六年（1189）正月，更德壽宮為重華宮。康熙皇帝閱讀〈宋光宗時群臣請朝重華宮不果行〉一節後指出：「人君以孝治天下，則臣下觀感以作忠，兆民親睦而成俗，真所謂至德要道也。宋光宗不朝重華宮，蔑棄彝倫，莫此為甚，至于勉強一朝，都人為之大悅，則其宮庭悖德久為舉國之所共憂矣。」

濰州北海人李全，弓馬趫捷，能運鐵槍，時號「李鐵槍」。康熙皇帝閱讀〈李全會張林襲金東平敗績〉一節後指出：「當時金之兵力固衰，以敵方長之元，則不足，以敵垂斃之宋，則有餘。兵法有云：知己知彼，宋人何其昏憒也。先是，遼

困于金，宋乘其釁，已為遼所敗，前車既覆而不悔，亦深可憫哉！」宋室妄啟干戈，確實是自作之禍。

　　宋理宗寶慶三年（1227）正月，詔曰：「朕觀朱熹集註《大學》、《論語》、《孟子》、《中庸》，發揮聖賢蘊奧，有補治道。朕勵志講學，緬懷典刑，可特贈熹太師，追封信國公。」康熙皇帝閱讀〈宋理宗詔贈朱熹太師、信國公〉一節後評論說：「宋理宗以不得與朱子同時為憾，續編書之，以見嚮慕正學之切。不知當時信任僉壬，即使朱子在朝，恐亦為讒邪所中，不得大行其道，此皆掠美虛談，且以彰其祖宗之失，尤非所宜。」起居注贊善勵杜訥指出，康熙皇帝「誦讀經史，以躬行實踐為第一義。」

　　《宋史‧余玠列傳》記載，「利司都統王夔素殘悍，號王夜叉，恃功驕恣，桀驁不受節度，所至劫掠。每得富家，穴箕加頸，四面然箕，謂之蠶蝕月；以弓弦繫鼻下，高懸於格，謂之錯繫喉；縛人兩股，以木交壓，謂之乾榨油；以至用醋灌鼻、惡水灌耳口等，毒虐非一，以脅取金帛，稍不遂意，即死其手，蜀人患苦之。且悉斂部將倅馬以自入，將戰，迺高其估賣與之。朝廷雖知其不法，在遠不能詰也。大帥處分，少不嗛其意，則百計撓之，使不得有所為。玠至嘉定，夔帥所部兵迎謁，才羸弱二百人。玠曰：久聞都統兵精，今疲敝若此，殊不稱所望。夔對曰：夔兵非不精，所以不敢即見者，恐驚從人耳。頃之，班聲如雷，江水如沸，聲止，圓陣即合，旗幟精明，器械森然，沙上之人彌望若林立，無一人敢亂行者。舟中皆戰掉失色，而玠自若也。徐命吏班賞有差。夔退謂人曰「儒者中迺有此人！」康熙皇帝閱讀〈宋理宗時蜀將王夔迎謁余玠事〉一節後指出：「王夔帥所部迎余玠，班聲如

雷，江水為沸，雖屬形容之辭，涉于誕妄矣。他如矢大如椽，山崩則江水不通，鑄鎗以為槁，畫地為船，以習水戰之類，不可枚舉。又張貴募士，伏水數日不食，手能鑿船敲船，豈皆聾瞶無一覺者，伏水數日而又不食，恐非人所能也，徒為奇闢之說，以新耳目，揆之情理，皆不足信。」

咸淳元年（1265），台州人賈似道，授太師，封衛國公。康熙皇帝閱讀〈封賈似道衛國公權傾中外〉一節後指出：「天下之大，待理于一人，斷宜讀書明理，使萬幾洞察于中，可以當前立決，自然權不下移。若中無定見，不得不委任臣下，漸致乾綱解弛，太阿旁落，鮮有不敗者，如宋理宗可以為鑑。」宋末恭帝德祐元年（1275），以陳宜中同知樞密院事兼參知政事，陳宜中請誅賈似道，旋請遷都。《宋史・陳宜中列傳》記載，「宜中遣使如軍中請和不得，即率群臣入宮請遷都，太皇太后不可。宜中痛哭請之，太皇太后乃命裝俟升車，給百官路費銀。及暮，宜中不入，太皇太后怒曰：『吾初不欲遷，而大臣數以為請，顧欺我邪？』脫簪珥擲之地，遂閉閣，群臣求內引，皆不納。蓋宜中實以明日遷，倉卒奏陳失審耳。」康熙皇帝閱讀〈宋帝㬎時陳宜中請遷都不果行〉一節後指出：「人臣事上，自當一言一事，極其詳確，宋末危急之時，陳宜中慟哭請遷都，乃以倉卒失奏行期，致太后束裝虛待。儒者涵養素定，雖造次必于是，顛沛必于是，宜中良媿此矣。」史書記載，德祐二年（1276）正月，宋室群臣，或降或逃。參知政事陳文龍遁；左司諫陳孟虎、監察御史孔應得遁；大元兵至瑞州，知州姚岩棄城去；參知政事常楙遁；大元兵至吉安州，簽書樞密院夏士林遁；丞相陳宜中遁；張世傑等各以所部兵去；知臨江軍滕岩贍遁。康熙皇帝閱讀〈宋帝㬎時

群臣相繼逃遁〉一節後評論說：「人臣之誼，與國同休戚者也，宋之丞相章鑑與廷臣曾子淵輩相率潛逃，平日所學何事，乃徑不知有綱常，全不顧惜廉恥乎？」宋末遭逢國難，群臣不知綱常，不顧廉恥，相繼逃遁，起居注贊善勵杜訥亦稱，「臣子負恩至此，真物類之不若也。」

元世祖忽必烈即位於開平，定都燕京，前後共在位三十五年（1260-1294）。康熙皇帝閱讀〈元世祖時遣使窮河源〉一節後指出：「漢之張騫，唐之蔡元鼎所訪河源，皆不過玉門關外，紀載寥寥，元之都實遠履發源之地，紀其分流伏脈，歷歷可指，較之往代，相去懸絕，論者乃以為無益，何也？」

蒙古八鄰部人伯顏，貌偉言厲，深略善斷。至元十一年（1270），元兵大舉伐宋，以伯顏領河南等路行中書省，所屬並聽節制。同年秋七月，伯顏陛辭。元世祖諭之曰：「昔曹彬以不嗜殺平江南，汝其體朕心，為吾曹彬可也。」康熙皇帝閱讀〈元世祖紀稱伯顏不妄殺勞而不伐〉一節後指出：「大將統數十萬眾摧堅陷陣，能不妄殺者元之伯顏與宋之曹彬，可以並稱，至其勞而不伐若不知有平宋之功，則又卓然獨步。」

元成宗大德六年（1302）六月癸亥朔，日有食之。太史院失於推策，詔中書議罪以聞。康熙皇帝閱讀〈元成宗時太史奏日食不應〉一節後指出：「凡日月之薄蝕，原有定期，若日食二分有奇，其象甚微，且當巳時，陽光方盛，仰觀未明，遂以當食不食為說，可謂浮誕矣。今日食不及三分，皆不入占，誠為有見。」元泰定帝泰定三年（1326）五月，以西僧馳驛擾民，禁之。康熙皇帝閱讀〈元泰定帝時禁西僧馳驛擾民〉一節後指出：「郵傳之設所以速使節，非軍國重務，不得輕擾之。至于金字圓符，元時用以備邊，乃僧人佩符乘驛者

多至傳舍不能容，無謂甚矣，元政之衰，於此可見。」元朝
金字圓符，原本是兵符，用以備邊，西番僧竟佩掛金字圓符
馳驛，用作火票。

　　元順帝至正十年（1230）十一月，詔天下以中統交鈔壹
貫文權銅錢壹千文，準至元寶鈔貳貫，乃鑄至正通寶並用，
以實鈔法，至元寶鈔通行如故。康熙皇帝閱讀〈元順帝時更
鈔法〉一節後指出：「金錢實貨，而以鈔易之，即使上下流通，
亦易于腐敗，非經久之計也。昔人交子、會子每行之多弊，
不便于民，凡為民所不便者，皆不可行，鈔法其一端也。」
康熙皇帝認為鈔法多弊，不便於民，故不可行。

　　康熙二十九年（1690）三月二十九日，內庭供奉日講起
居注贊善勵杜訥將康熙帝覽閱《通鑑》論斷摺子三冊，交與
起居注館掌院侍郎庫納勒記注，附於起居注冊三月分之後，
只有漢文，並未譯出滿文，因與起居注記注體例不合，其他
年分，俱未見類似摺子。然而可見《通鑑》論斷摺子內容，
以及康熙皇帝評論文字，而為研究康熙皇帝的治道及文化政
策提供了相當珍貴的輔助史料。

康熙二十九年三月二十九日

內庭供奉日講官起居注贊善勵杜訥至
起居注館以摺子三冊交掌院侍郎庫勒納云
皇上二十四二十五兩年覽閱通鑑論斷之語記
為摺子三冊我挍本日口奏交
起居注館記注奉
旨著交興達交訖

上閱元世祖紀稱伯顏不妄殺勞而不伐論曰大
將統數十萬眾摧堅陷陣能不妄殺者元之伯
顏與宋之曹彬可以並稱至其勞而不伐若不
知有平宋之功則又卓然獨步
上閱元成宗時太史奏日食不應論曰凡日月之
薄蝕原有定期若日食二分有奇其象甚微且
當巳時陽光方盛仰觀未明遠以當食不食為

一旦盡行藏除可謂不教而殺亦憯甚矣
上閱魏文成帝立子弘為太子依故事賜其母死
論曰齋家乃平治之原太子為國家之本遞建
儲位則其母必素被刑于之化者矣籍以養育
青宮裨益匪淺諸徙牒如申生之母尚在則
驪姬之譖不行晉國之家庭骨肉豈至有慘禍
耶漢武帝欲立太子乃先賜鉤弋夫人死特有

懲於呂后之故而甍年計拙逐至因噎廢食也
至北魏時徑相沿為故事而踵行之使其子以
得立而喪母將必有大不忍於著中者嗣服繼
統之日欲以孝治天下飲無隱恫我夫漢武國
雄才大畧之主也而舉動不合於經常流弊一
至於此作俑之責其何辭焉
上閱宋主昱驕恣日甚論曰宋主昱之資賣未必

《起居注冊》，康熙二十九年三月
臺北，國立故宮博物院典藏

翠華南幸
—— 以康熙皇帝南巡御書留題為中心

　　江南人文薈萃，不僅是經濟較為富庶的地區，同時也是知識分子較密集的文化中心。由於南明政權的統治，滿漢畛域，此疆彼界的存在，亟待統治者的化解，清朝皇帝的南巡，有助於民族矛盾的消弭。康熙皇帝南巡駐蹕期間，召見地方文武各員，賞賜御書，君臣互動良好，有助於政治生命共同體的形成。康熙皇帝勤習書法，筆力雄健，結撰精整。江南名勝古蹟，因有康熙皇帝的御書留題，而使山川生色，也形成了地方文化的特色。

　　康熙皇帝在聽政餘暇，不分寒暑，惟以讀書寫字為事。他手批臣工奏摺，從不假手他人，主要與他的勤習書法有關。（圖一）他自己說過：

> 朕自幼好臨池，每日寫千餘字，從無間斷。凡古名人之墨蹟石刻，無不細心臨摹，積今三十餘年，實亦性之所好。即朕清字，亦素敏速，從無錯誤。凡批答督撫摺子及硃筆上諭，皆朕親書，並不起稿。

康熙皇帝深悉「人君之學」不在書法，「朕非專攻書法，但暇時游情翰墨耳。」康熙皇帝的書法，自幼即得真傳。《聖祖

仁皇帝庭訓格言》一書記載康熙皇帝自述學習書法的經過云：

> 朕八歲登極，即知黽勉學問。彼時教我句讀者，有張、
> 林二內侍，俱係明時多讀書人。其教書惟以經書為要，
> 至於詩文，則在所後。及至十七、八，更篤於學，逐
> 日未理事前，五更即起誦讀，日暮理事稍暇，復講論
> 琢磨，竟至過勞，痰中帶血，亦未少輟。朕少年好學
> 如此，更耽好筆墨。有翰林沈荃，素學明時董其昌字
> 體，曾教我書法，張、林二內侍，俱及見明時善於書
> 法之人，亦常指示，故朕之書法，有異於尋常人者以
> 此。

日本學者稻葉君山著《清朝全史》曾比較盛清諸帝書法，原書指出，乾隆皇帝於書法，酷愛董其昌，與康熙皇帝相似，為當時畫家張得天所傾倒。乾隆皇帝的書法雖妙，似少氣魄，康熙皇帝則骨力有餘，豐潤不足。康熙皇帝酷愛董其昌的書法，主要是受到翰林沈荃的影響。

圖一：清初　康熙帝便裝寫字像　軸　北京故宮博物院藏　引自
國立故宮博物院，《康熙大帝與太陽王路易十四——中法文

化與藝術的交會特展》

　　翰林沈荃，字貞蕤，號繹堂，江蘇華亭人，其書法，為時人所傲效。閩浙總督范時崇具摺奏稱：「臣自幼時所寫之傲，係臣父同榜進士沈荃所書，筆多帶行，字如栗大。」康熙皇帝每當作書下筆時，常令沈荃侍於左右，沈荃即指出其缺失，並分析原因。康熙皇帝有時自書大字，令沈荃題於後。康熙十六年（1677）五月十四日辰刻，講官喇沙里等進講畢，沈荃進呈遵旨草書《千字文》、《百家姓》。康熙皇帝觀賞過後，即將御書漢字二幅賞賜沈荃，並令喇沙里傳諭說：「朕素好翰墨，以爾善於書法，故時令書寫各體，備朕摹傲玩味。今將朕所書之字賜汝，非以為佳，但以摹傲爾字，故賜汝觀之，果相似否？」沈荃奉到御筆後，讚歎康熙皇帝的書法，「精妙已極，實由天縱。」

　　沈荃曾學董其昌字體，康熙皇帝喜歡臨摹其書法，沈荃又從旁指點，康熙皇帝的書法遂能「異於尋常人」。他於〈跋董其昌書〉（圖二）中指出，「朕觀昔人墨蹟，華亭董其昌書畫錦堂記，字體道媚，於晉唐人之中，獨出新意，製以為屏，列諸座右，晨夕流覽，寧不遠勝鏤金錯彩者歟！」董其昌書法最大特色，就是高秀圓潤，丰神獨絕。康熙皇帝觀察其結構字體後指出，董其昌書法，主要是源於晉人。康熙十六年（1677）十一月二十二日，康熙皇帝親跋〈王右軍書曹娥碑真蹟〉云：「曹娥碑相傳為晉右軍將軍王羲之得意書。今觀真蹟，筆勢清圓秀勁，眾美兼備，古來楷法之精，未有與之匹者。至今千餘年，神采生動，透出絹素之外。朕萬幾餘暇，披玩摹傲，覺晉人風味，宛在几案間，因書數言識之。」王羲之曹娥碑真蹟（圖三），筆勢清圓秀勁，確實是希代珍寶，千餘年來，依然神采生動。康熙二十一年（1682）二月初八

日，康熙皇帝〈跋董其昌書〉指出，以屏風裝潢告成，尚餘縑素，詹事沈荃也是華亭人，與董其昌同鄉，又素學董其昌筆法，於是命沈荃續書題跋。沈荃之子沈宗敬，亦善書法，沈荃卒後，沈宗敬以編修入直南書房，康熙皇帝命作大小行楷，猶憶其父沈荃，曾諭大學士李光地稱：「朕初學書，宗敬父荃，指陳得失，至今作字，未嘗不思其勤也。」由此可知康熙皇帝喜歡董其昌的書法，主要是受到沈荃的影響。（圖四）

圖二：《御製文集》卷18
　　　跋董其昌書
　　　清‧康熙53年蔣連刊本
　　　國立故宮博物院藏

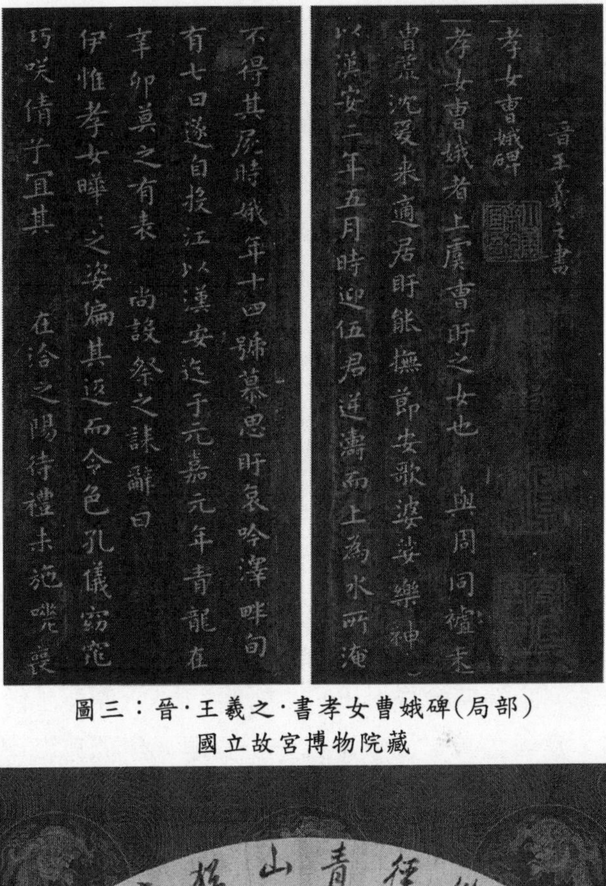

圖三：晉·王羲之·書孝女曹娥碑（局部）
國立故宮博物院藏

圖四：清·康熙皇帝行書七言絕句　國立故宮博物院藏

　　康熙皇帝南巡期間，在行宮讀書寫字，每至深夜，樂此不疲，所到之處，御書留題，頗具歷史文化意義。康熙二十三年（1684），康熙皇帝首次南巡。《南巡筆記》記載，是年「秋九月，陳請兩宮，暫違定省。二十八日，出京師，經河間，過德州，閱濟南城，觀趵突泉，題曰激湍。」（圖五）《起居注冊》記載較詳，是年九月二十八日，康熙皇帝由午門出正陽門，駐蹕永清。同年十月初八日，駕至濟南府趵突泉亭，臨泉覽視，稱賞不已。山東巡撫徐旭齡奏請御筆留題。康熙皇帝以趵突泉為名勝之地，即援筆大書「激湍」二字。侍講學士高士奇等扈從諸臣、山東巡撫徐旭齡瞻仰御書後讚嘆御書神妙，真有「龍飛鳳舞之勢」，山泉生色。康熙皇帝命扈從諸臣各書二字留之泉亭，以傳來許。一鼓後，侍衛二格捧出御書「清漪」二字賜諸臣觀覽。因山東巡撫徐旭齡以衙署內有珍珠泉，奏請御書留題，康熙皇帝即以「清漪」二字賜之。大學士明珠等瞻仰宸翰後指出，御書筆墨飛舞，備極其妙，「清漪」二字，意義尤美。同年十月十一日早，康熙皇帝率從官登泰山，於天仙殿行禮，御書「坤元叶德」四大字，懸額殿中。回行宮後，將御書「普照乾坤」四大字、「雲峯」二大字，宣示從臣。扈從諸臣瞻仰後指出，御書筆力雄健，結撰精整。康熙皇帝諭令將「普照乾坤」四大字於孔子小天下處建亭懸額，「雲峯」二字，則令於泰山極頂處磨崖勒石。

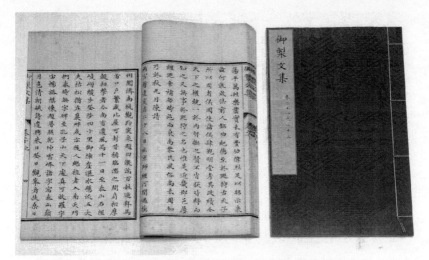

圖五：《聖祖仁皇帝御製文初集》卷20　南巡筆記
清康熙間內府鈔本　國立故宮博物院藏

康熙二十三年十月二十二日，康熙皇帝駕幸揚州後，登
覽蜀岡棲靈寺平山堂等名勝，御書「怡情」二字，留題於平
山堂。康熙皇帝駕幸天寧寺時，御書「蕭閒」二字。十月二
十四日，康熙皇帝乘沙船渡揚子江。次早，登金山游龍禪寺，
御題「江天一攬」四字。十月二十八日，駕幸蘇州觀惠泉山。
是日，康熙皇帝以蘇州鄉官汪琬原係翰林，為人厚重，學問
優通，且居鄉安靜，不預外事，因此，特賜御筆手卷一軸。
同年十一月初四日，康熙皇帝親書手卷一軸賜江寧府知府于
成龍。是日，令大學士明珠傳諭于成龍曰：

　　朕於京師即聞爾知府于成龍居官廉潔，今臨幸此地，
　　諮訪與前所聞無異，是用賜爾朕親書手卷一軸。朕所
　　書字，非爾等職官應得者，特因嘉爾清操，以示旌揚。
　　（圖六）

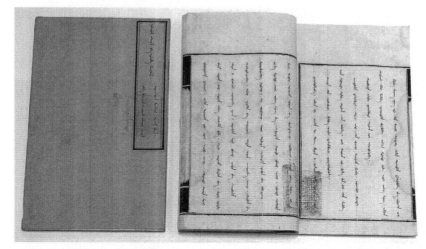

圖六：滿文本《起居注冊》 康熙 23 年 11 月 國立故宮博物院藏
康熙皇帝雖然重視書法，勤於寫字，但是他不輕易親書賞
賜品級較低職官。

康熙二十八年（1689）正月初八日，康熙皇帝第二次南
巡。（圖七）是日黎明自午門出正陽門。正月十三日，駐蹕山
東德州西關。康熙皇帝曾撰孔子、孟子及周公廟碑文各一篇，
手書勒石。衍聖公孔毓圻等奏請御書墨本以為世寶，因此，
命將孔子、孟子、周公廟碑文裝潢成冊，分賜衍聖公孔毓圻、
博士孟貞仁等。正月十六日辰刻，駕進濟南府，因訪民俗之
便，觀賞趵突、珍珠二泉。扈從諸臣及山東巡撫錢珏等恭請
御筆留題為名泉光寵，康熙皇帝御亭書寫「作霖」二大字。

康熙皇帝因禹王廟禮器簡少，屋宇傾頹，特撰上諭，親
至禹王廟致祭。康熙二十八年二月十六日，駐蹕杭州府行宮，
親書「地平天成」四字，懸掛於禹王廟宇下，並著地方官修
理廟宇。同年二月二十九日，康熙皇帝以兩江總督傅臘塔、
將軍博濟、江南提督將軍楊捷同效勤勞，故手書御製詩賜之。
傅臘塔等均表示銘諸肺腑，戴恩圖報。

圖七：王翬　康熙帝南巡圖卷（局部）第九卷　北京故宮博物院藏
　　　引自國立故宮博物院，《康熙大帝與太陽王路易十四—中
　　　法文化與藝術的交會特展》

　　康熙三十八年（1699），康熙皇帝第三次南巡。是年二月
初三日凌晨，由東華門出崇文門至大通橋登舟，過通州。二
月初四日，駐蹕新河長樂營地方。是日，賜直隸巡道趙弘燮
御書「清惠不群」四大字，並傳諭曰：「爾父趙良棟矢志報國，
克殫勤勞，歷事戎行，茂著勳績，朕迄今猶追念之。以爾兄
弟係功臣之子，未必玷辱先人，故皆擢用，授以文武要職。
今復以此四字賜汝，此後益當砥礪廉潔，廣宣惠愛，以副朕
視民如子之至意。」

　　康熙三十八年二月十二日，康熙皇帝駐蹕桑園地方，賜
天津總兵潘育龍御書《杜若賦》一幅、《淵鑑齋法帖》一部。

二月十八日，駐蹕兩響閘地方。原任刑部侍郎任克溥來朝，賜御書「冰壺朗印」四大字、臨米芾《天馬賦》一卷。二月二十四日，駐蹕赤山，賜山東巡撫王國昌、布政使劉暟、按察使李基和《淵鑑齋法帖》各一部。

　　康熙三十八年三月初四日，駐蹕淮安府城。是晚登舟，賜總漕桑格「激引清風」四大字，墨刻《金剛經》、《龍虎臺賦》手卷、《秋清賦》、《耕織圖》各一冊。三月初八日，駐蹕揚州府城內。賜原任工部侍郎李枏御書「多識畜德」四大字、對聯一副、唐詩一幅；賜原任布政使汪楫「游詠清風」四大字，並字一幅；原任給事中李宗孔亦賜「游詠清風」四大字，並字一幅；賜揚州府天寧寺僧廣元御書「禪心澄水月」五大字、「佛門堂」三大字、「皓月禪心」四大字、「寄懷閑竹」四大字；賜興教寺僧廣徹「西來法」三大字；賜北崿僧廣證「法律禪」三大字。三月初九日，駐蹕江天寺，賜糧道劉德芳御書「龍飛」二大字、「揚仁風」三大字、並字一幅、手卷一軸；鳳盧道佟毓秀、揚州府知府傅澤洪賜御書字各一幅；賜揚州鹽商張文秀御書「松風」二大字、手卷一軸；賜天寧寺僧廣元御書「應堂」二大字；賜北來寺僧「上崇」二大字、「慈雲」二大字。三月十一日，駐蹕興豐，賜江天寺僧超樂御書《心經》，並字四幅；賜僧明真御書「雲峯」二大字，「松風石」三大字、並字一幅；賜避風館僧源恒御書「甘露門」三大字、《金剛經》一部；賜僧明融御書「超峯」二大字、經一部；賜僧妙覺御書「禪棲」二大字、經一部；賜僧僧瀾御書「善覺」二大字、經一部；賜僧慧光等九人經各一部。

　　康熙三十八年三月十五日，駐蹕蘇州府城內。是日，康熙皇帝御筆臨董其昌書「家雞野鶩春蚓秋蛇」八大字，命中

使寶示掌院學士韓菼。韓菼奏曰：「**皇上御筆書法，不啻龍飛鳳舞，晉唐名迹所不及，何況其昌。**」因此，奏請賞賜御書八字，奉為永寶。中使入奏，隨後中使捧出御書「東南雲峯」四大字，並賜御書「家雞野鶩春蚓秋蛇」八大字。韓菼瞻仰「東南雲峯」四大字後指出，御書筆法超絕，於是奏請勒石虎丘，以彰榮遇。三月十六日，駐蹕蘇州府。是日，賜江蘇巡撫宋犖御書「仁惠誠民」四大字、「懷抱清朗」四大字、臨米芾字一幅、《天馬賦》一卷、詩扇一柄、《淵鑑齋法帖》一部、《耕織圖》一部；賜提督張雲翼御書「思無邪」三大字、字一幅、手卷一幅、詩扇一柄、《淵鑑齋法帖》一部、《耕織圖》一部。三月十八日，駐蹕蘇州府，賜兩江總督張鵬翮御書一幅。三月十九日，駐蹕蘇州府。賜蘇州織造李煦御書「脩竹清風」四大字、字二幅；賜原任尚書翁叔元墨刻《金剛經》、《孝經》、《草訣百韻歌》、《耕織圖》、御書詩扇字三幅；賜原任尚書王日藻墨刻《金剛經》、《孝經》、《草訣百韻歌》、《耕織圖》，並御書「連雲」二大字、字三幅。賜原任御史徐樹穀墨刻《金剛經》、《孝經》、《草訣百韻歌》、《耕織圖》、御書「天光雲影」四大字；賜原任巡撫顧汧墨刻《金剛經》、《孝經》、《草訣百韻歌》、《耕織圖》、御書詩扇字；賜原任國子監典簿徐昇《耕織圖》、御書「雲光臺」三大字；賜原任給事中慕琛墨刻《金剛經》、《孝經》、《草訣百韻歌》、《耕織圖》、御書字二幅；賜原任庶吉士沈宗敬《孝經》、墨刻《千字文》、御書「清風蘭雪」四大字、字一幅。因扈從漢翰林官中多蘇松人，康熙皇帝令奏事存住傳諭蘇松翰林官可就近到家與父母妻子相見，不必隨駕至浙江。三月二十日，駐蹕皂林，賜蘇州雲泉寺僧持藻御書「般若臺」三大字。

康熙三十八年三月二十六日，駐蹕杭州府。是日，賜浙閩總督郭世隆御書「岳牧之任」四大字、手卷一幅、《淵鑑齋法帖》、《耕織圖》；賜浙江巡撫張敏御書「宣布德澤」四大字、手卷一幅、《淵鑑齋法帖》、《耕織圖》；賜提督趙弘燦御書「樂善不倦」四大字、《耕織圖》、《淵鑑齋法帖》；三月二十七日，駐蹕杭州府。是日，親近侍衛伍什、學士布泰捧出御書「名垂青史」四大字賜浙江湖州府知府陳一夔，並傳諭曰：「爾父陳丹赤向為國盡忠殉難，朕至今憫之，此賜特表爾父之忠耳。」同日，賜福州將軍金世榮御書「器志方雅」四大字；賜提督王萬祥御書「智義合宜」四大字；賜總兵官御書「惠迪吉」三大字；賜藍理御書「所向無前」四大字；賜內閣學士胡會恩御書「秘閣清班」四大字；賜庶子陳元龍御書「鳳池良彥」四大字、字一幅；賜南海普陀山僧明志御書「潮音洞」三大字、「梵音洞」三大字、「普濟群靈」四大字、「浩月禪心」四大字、字一幅；賜僧性統御書「天花法雨」四大字、「修持淨業」四大字、字一幅；賜天竺寺僧挺萃御書「法雲慈悲」四大字；賜僧輅慧御書「飛來峯」三大字、「雲棲」二大字，命鐫懸二處。三月二十八日，駐蹕杭州府城。是日，賜內閣學士顧祖榮御書「邃清之秩」四大字；賜副都御史吳涵御書「風霜之任」四大字；賜布政使趙良璧「承流宣化」四大字；賜按察使于準廉御書「廉察之寄」四大字；賜淨持寺僧方孝御書「西峯」二大字及對聯一副。三月二十九日，賜杭州織造官敖福合御書「鶯鶴情」三大字、「蘭亭」二大字、對聯一副、字一幅；賜驛鹽道卜三畏御書「廉鎮」二大字；賜原任詹事府詹事高士奇御書「忠孝節義」四大字、對聯一副、字一幅；賜原任少詹事邵遠平御書「蓬觀」二大字；賜原任諭德沈涵

御書「華省」二大字；賜原任中允蔡升元御書「清華」二大字；賜原任御史龔翔麟御書「蘭臺」二大字；賜原任總督甘文焜之子同知甘國奎御書「勁節」二大字。

康熙三十八年四月初二日，駐蹕蘇州府。康熙皇帝因念原任大學士宋德宜，御書「篤念前勞」四大字賜其子給事中宋駿業、贊善宋大業，又賜宋駿業御書「謇諤老成」四大字，賜宋大業御書「文學侍從」四大字。同日，賜翰林院侍講學士王九齡御書「視草」二大字；侍讀學士張廷瓚御書「玉堂」二大字；國子監祭酒孫岳頒御書「尊經服教」四大字；原任侍郎彭孫遹御書「松桂堂」三大字；百歲老人顧履吉御書「凌雪喬松」四大字；九十二歲老人褚篆御書「海鶴風姿」四大字。四月初五日，駐蹕蘇州。是日，賜原任尚書翁叔元御書「攬秀堂」三大字；賜原任詹事高士奇御書「再過鵝峰」四大字；賜給事中宋駿業「御製憫農詩」一章及御書，宋駿業奏准勒石學宮；賜原任御史盛符升御書「年登大耆」四大字；賜原任贊善黃與堅御書「如松堂」三大字；賜原任檢討尤侗御書「鶴栖堂」三大字；賜原任巡撫顧汧御書「閱清暉」三大字；賜兩浙運使道李濤御書「惠愛」二大字；賜織造府官李煦御題詩一首，對聯一副；賜江暉之子江弘文墨刻《千字文》、《詩經》各一本；賜華山和尚敏膚御書「高雲」二大字、「翠巘寺」三大字、字一幅；賜祥符寺僧紀蔭御書「神駿寺」三大字。四月初六日，康熙皇帝自蘇州府啟行，駐蹕望亭。賜華山和尚敏膚御書「香域」二大字。四月初七日，駐蹕定堰地方。賜原任左春坊秦松齡御書「松風水月」四大字、「山色溪光」四大字；賜放生池和尚御書「慈雲寺」三大字；賜小金山和尚御書「蘭若」二大字。四月初八日，駐蹕丹陽地

方。是日，賜和尚紀蔭御書「清淨寺」三大字、字二幅、對聯一副。

圖八：康熙皇帝在南京明孝陵所立的「治隆唐宋」碑
Vladimir Menkov 攝　引自維基百科

康熙三十八年四月十五日，康熙皇帝命大學士伊桑阿等齎送御書「治隆唐宋」四大字（圖八）、黃綾一幅至洪武陵，陳設香案行禮，將御書交與織造府官曹寅收貯，俟修理完畢懸掛。是日，賜安徽巡撫李鈵御書「敷政於外」四大字；賜安徽布政使張四教御書「忠信之長」四大字；賜江蘇布政使劉殿衡御書「藩維之寄」四大字；賜江蘇按察使趙世顯御書「清明仁恕」四大字；賜蘇松糧道劉殿邦御書「一州之表」四大字；賜驛鹽道王然御書「清簡為最」四大字；賜安徽糧道鮑復昌御書「治民如家」四大字；賜鳳廬道佟毓秀御書「惠愛在人」四大字；賜分守江常鎮道施朝輔御書「百里宣風」四大字。以織造府官曹寅之母年老，特賜御書「萱瑞堂」三大字，賜曹寅御書「雲窗清靄」四大字、字一幅、對聯一副、《淵鑑齋法帖》一部。

康熙三十八年四月二十日，駐蹕金山。是日，賜大學士

張玉書御書「恭儉為德澄懷日新」八大字、「浮翠樓」三大字、字一幅、對聯二副、《淵鑑齋法帖》、《耕織圖》；賜總河于成龍御書「澄清方岳」四大字、字二幅、對聯一副；賜鎮江僧廣如御書「八公洞」三大字、《金剛經》一卷；賜超著御書「鶴林寺」三大字、《金剛經》一卷；賜超學御書「竹林寺」三大字、《金剛經》一卷；賜江天寺僧深起御書「水天清映」四大字；賜印銓御書「清規」二大字；賜僧湛悟《金剛經》一卷。四月二十二日，駐蹕揚州府。賜原任給事中李宗孔御書「香山洛社」四大字；賜原任侍郎李楠御製詩一幅；賜兩淮鹽院卓琳御書「紫垣」二大字；賜原任主事郭士璟御書「泉石怡情」四大字；賜御史程文彝御書「肅紀守法」四大字；賜原任道程兆麟御書「歌詠昔賢」四大字；賜蕪湖關監督翰林院侍講學士郎啓御書「竹風蘭露」四大字；賜原任尚書徐乾學之子原任御史徐樹穀御書「愛清景」三大字；賜原任詹事沈荃之子原任庶吉士沈宗敬御書「落紙雲烟」四大字；賜鹽商項起鶴母御書「壽萱」二大字；賜鹽商汪森裕御書「禮年高」三大字；賜舉人吳廷禎字一幅；賜天寧寺僧廣元御書詩一章；賜清涼寺僧紀蔭御書一幅；賜焦山僧御書「法雲惠日」四大字；賜天心寺僧元啓御書「香阜寺」三大字、《金剛經》一卷；賜萬佛菴僧普怡「雲門雪竇」四大字、《金剛經》一卷。

　　康熙三十八年四月二十四日，駐蹕汛水地方。是日，賜相士羅光榮御書「通幽索隱」四大字；賜江天寺僧「龍光寺」三大字；賜南京興善寺僧明融《金剛經》一卷。四月二十五日，駐蹕淮安城外。是日，賜內閣學士布泰御書「木天」二大字；賜蘇州府雲泉寺僧特藻御書「慧業寺」三大字、「精舍」二大字、《金剛經》二卷。四月二十八日，駐蹕治河嘴地方。

是日，賜于成龍御書「樂休祉」三大字、對聯一副；賜徐廷璽御書「慈惠之師」四大字；賜雲臺寺僧隆禎御書「遙鎮洪流」四大字。

康熙三十八年五月初一日，駐蹕韓庄閘。是日，賜原任詹事高士奇御墨五匣。五月初三日，駐蹕仲家閘。是日，賜五經博士仲秉貞御書「聖門之哲」四大字，命懸於子路廟。五月初六日，駐蹕李海務。是日，賜原任詹事高士奇御書條幅、對聯、《淵鑑齋法帖》、《百家姓》、《千字文》、《草訣百韻歌》、《金剛經》墨刻、《耕織圖》（圖九）；賜大名府九十七歲老人聶志笙御書「春秋高」三大字；賜直郡王御書「綺窗」二大字；賜誠郡王「擁書千卷」四大字、「芸窗」二大字、「雲舫」二大字；賜七貝勒御書「進學齋」三大字；賜衍聖公孔毓圻御書「詩書禮樂」四大字；賜五經博士孔毓埏御書「遠秀」二大字；賜山東巡撫王國昌御書「珪璋特達」四大字；賜山東布政使劉皚御書「維德之隅」四大字；賜山東按察使李基和御書「獨持風裁」四大字；賜登萊道

九：清 冷枚 畫耕織 攀華 國立故宮博物院藏

郎廷極御書「振鷺初飛」四大字；賜原任侍郎任克溥御製詩一篇、御書「傳世寶」三大字。五月初十日，駐蹕白草窪。是日，賜裕親王御製詩一章。五月十三日，駐蹕張家莊。是日，賜天津總兵官潘育龍御書「盡銳爭先」四大字。五月十四日，駐蹕河西務。是日，賜內閣學士噶禮御書「清班」二大字。五月十六日，駐蹕通州城外，賜兵部尚書席爾達御書「居貞素」三大字及字一幅。五月十七日，是日早，康熙皇帝由崇文門進東華門回宮。

康熙四十一年（1702）九月二十五日辰時，康熙皇帝因巡視南河，由午門出正陽門南巡。十月初四日，駐蹕德州城。初五日，駐蹕行宮，皇太子違和。是日巳時，命侍讀學士陳元龍、侍講學士揆敘、侍讀宋大業、諭德查昇、編修汪士鋐、陳壯履、庶吉士勵廷儀入行宮賜食。飯後，召陳元龍等至御前，令各書綾一幅。《起居注冊》詳錄君臣討論書法的對話，節錄一段內容如下：

> 上閱畢云：勵廷儀書法甚熟，因在朕前，過於矜持，是以不及平昔。上又曰：學書須臨古人法帖，其用筆時，輕重疏密，或疾或遲，斟酌俱有體。宮中古法帖甚多，朕皆臨閱。有李北海書華山寺碑文，字極大，難於臨摹。朕身臨其上必臨摹而後已。今翰林內書法優者，皆有一種翰林習氣，惟孫岳頌書法最佳。查昇奏曰：孫岳頌草書、楷書俱佳。上曰：孫岳頌楷書亦未免有翰林氣，其草書實是過人。陳元龍等奏曰：臣等蒙聖恩訓示，雖曾究心書法，但古人法帖，其運筆結構，皆未能辨晰。皇上御書超絕千古，縱鍾繇、王羲之復生，皆不能及。臣等蒙皇上賞賚御書，雖朝夕

瞻仰，心摹手習，一筆亦不能學，總由聖躬乾健，腕力萬鈞，洵聖壽無疆之徵也。臣等魯鈍，願學未能，況御札精微奧妙，又非臣等愚昧所能仰窺。今駐蹕間暇，蒙恩召進，臣敢冒昧丐求皇上親揮御筆，許臣等侍側，恭瞻皇上用筆之妙，書法之神，庶幾窺竊萬一，以仰副皇上教育鴻恩，臣等曷勝激切之至。皇上遂親書「雲飛北闕輕陰散雨歌南山積翠來」十四大字，真如龍飛鳳舞，岳峙淵停，諸臣拱立，欽仰懼忙，贊颺難罄焉。上又曰：米芾石刻，可不必學，所有法帖，朕曾臨徧，大抵名人墨蹟，屢經匠工鏤刊，其原本精神，漸皆失真。沈荃昔云：伊曾親受董其昌指訓。朕幼年學書，有一筆不似處，沈荃必直言之。朕素性好此，久歷歲年，毫無間斷。（圖十）

　　侍讀學士陳元龍等對康熙皇帝書法的肯定，雖多溢美之辭，但君臣重視書法的重要性，確實是不言可喻。引文中指

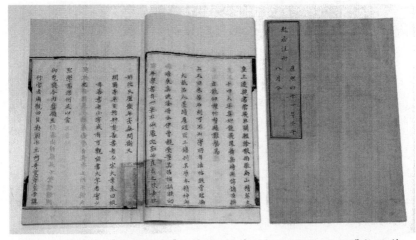

圖十：漢文本《起居注冊》　康熙 41 年 10 月　國立故宮博物院藏

出康熙皇帝臨遍清宮珍藏古人法帖，以及如何臨摹古人法帖，都是經驗之談。米芾書法，頗得王獻之筆意，超妙入神。但因米芾墨蹟屢經匠工鏤刊，以致失真，而無原本精神，米芾石刻不必學，康熙皇帝的分析是可信的。因皇太子染病，南巡中輟。十月二十一日，皇太子病體大癒，康熙皇帝於是日回鑾。

　　康熙皇帝不僅以御書賞賜臣工，亦常賞賜寶硯。康熙四十二年（1703）正月初三日早，康熙皇帝召翰林院掌院學士揆敘等六十人至南書房，賞賜砥石山石硯，人各一方，就是「作養詞臣」的一種表現。同年正月十六日，康熙皇帝以巡閱南河，省風問俗，察訪吏治，於是日巳時由暢春園啓行，駐蹕良鄉縣所屬竇店，御書《督撫箴》一篇賜直隸巡撫李光地。正月十八日，駐蹕河間府屬臨河地界，賜分司齊蘇勒御書詩一幅。正月二十四日，康熙皇帝至濟南府，幸巡撫署中觀珍珠泉，御書《三渡齊河即事詩》一章，令懸於大門，曉示臣民。又書《督撫箴》一篇及御製詩，賜山東巡撫王國昌。復出觀趵突泉，駐蹕長清縣屬黃山店，御書「源清流潔」四大字，令懸於趵突泉。又書「潤物」二大字，令懸於珍珠泉。又書「學宗洙泗」四大字，令懸於學道所修書院。二月初七日，御舟過高郵州，泊舟邵伯。是日，過邵伯更樓，至揚州登岸，經過城內，闔城士庶，扶老攜幼，設香案，爭覩「天顏」。同日，出揚州城，泊舟寶塔灣。二月初八日，御舟泊瓜州屬屯船塢。二月初九日，康熙皇帝渡長江，登金山江天寺，御書「動靜萬古」四大字，令懸於江天寺。二月十二日，駐蹕蘇州府行宮，賜江蘇巡撫宋犖御書《督撫箴》一幅。

　　查閱《起居注冊》的記載，可以還原歷史。譬如山東濟

南府趵突泉亭「激湍」二字；山東巡撫衙署內珍珠泉「清漪」二字，是康熙皇帝南巡期間於康熙二十三年十月初八日駕幸濟南府後所題。趵突亭「作霖」二字，是康熙皇帝於康熙二十八年正月十六日御筆留題。懸於趵突泉的「源清流潔」四大字，懸於珍珠泉的「潤物」二大字，是康熙皇帝於康熙四十二年正月二十四日御題的匾額。

　　揚州蜀岡棲靈寺平山堂懸掛的「怡情」二字；天寧寺「蕭閒」二字是康熙二十三年十月二十二日，康熙皇帝留題的御書。金山游龍禪寺「江天一攬」四字是康熙二十三年十月二十四日，康熙皇帝留題的御書。金山江天寺「動靜萬古」四大字是康熙四十二年二月初九日康熙皇帝留題的御書。

　　懸掛於禹王廟宇的「地平天成」四字，是康熙二十八年二月十六日康熙皇帝駐蹕杭州府行宮時親筆留題的御書。勒石虎丘的「東南雲峯」四大字，是康熙三十八年三月十五日康熙皇帝駐蹕蘇州府城內的親筆御書，掌院學士韓菼以御書筆法超絕，於是奏請勒石，以彰榮遇。

　　泰山天仙殿中所懸「坤元叶德」四大字匾額；孔子小天下碑亭「普照乾坤」四大字；泰山極頂處磨崖勒石「雲峯」二字，都是康熙二十三年十月十一日康熙皇帝的御筆。康熙皇帝南巡期間沿途賞賜臣民的御書，更是不勝枚舉。山東巡撫徐旭齡瞻仰御書後讚嘆御書神妙，真有龍飛鳳舞之勢，山泉生色。洪武陵整修完畢後懸掛的「治隆唐宋」四大字，是康熙三十八年四月十五日康熙皇帝駐蹕江寧府的御筆。名勝古蹟，因有歷代皇帝的御書留題，而形成地方文化的特色。

繙譯四書
— 四書滿文譯本與清代考證學的發展

　　滿文是由老蒙文脫胎而來的一種拼音系統文字，自左而右，由上而下直行書寫。從清初以來，儒家經典，多已譯成滿文。四子之書，深得五經精義。經筵日講，四書講章，都有滿文譯本。乾隆年間，屢經校正規範。《御製繙譯四書》的譯文，兼具信雅達的優點，文以載道，滿文遂成為保存儒家思想的重要文字。

創製滿文　文以載道

　　明神宗萬曆二十七年（1599）二月，清太祖努爾哈齊為了文移往來及記注政事的需要，即命巴克什額爾德尼仿照老蒙文創製滿文，亦即以老蒙文字母為基礎，拼寫女真語音，聯綴成句。譬如將蒙古字母的「ᡶ」字下接「ᠠ」，就成「ᠠᠮᠠ」，讀作「ama」，意即「父親」。將「ᠵ」字下接「ᠠ」，就成「ᡝᠮᡝ」，讀作「eme」，意即「母親」。這種由老蒙文脫胎而來的初期滿文，其字旁未加圈點，習稱老滿文。（圖一）天聰六年（1632），清太宗皇太極命巴克什達海將老滿文在字旁加置圈點，習稱新滿文。滿文是一種拼音系統的文字，自左而右，由上而下，直行書寫。滿文義蘊閎深，具有文以載道的能力。清朝入關後，滿洲語文一躍而成為清朝政府的清文國語，對外代表國家，對內而言，滿文的使用，更加普遍，儒家經典，多譯成

滿文。各種文書，或以滿文書寫，或滿漢兼書。繙譯科考試，也考滿文。皇帝召見八旗武職人員，多使用滿語，滿洲語文在清朝的歷史舞臺上扮演了重要的角色。

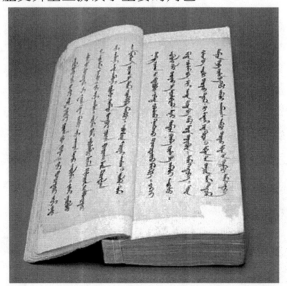

圖一：清　《滿文原檔》　國立故宮博物院藏

經筵日講　勤修精進

　　滿洲入關之初，即已深悉儒家思想有利於統治政權的鞏固，對於社會發展的長治久安，也能產生積極的作用。順治十年（1653）四月，清朝政府將「崇儒重道」定為基本國策，也是立國方針。盛清諸帝都以儒家思想為正統思想，也是主流思想。

　　康熙皇帝對儒家治國的思想，充滿了高度的興趣，他相信有道統，才有治統。他提倡堯舜之道，以上接二帝三王正統思想為己任，他努力使自己成為「儒家皇帝」。歷代傳統文化，自《易》、《書》、《詩》、《禮記》、《春秋》五經之外，而

有《論語》、《大學》、《中庸》、《孟子》四子之書，俱得五經精義。化民成俗，必先正人心，正人心，必先講明四子之書。

　　我國歷代舉行經筵大典的主要用意是要求國君留心學術，勤求治理。康熙皇帝於日理萬幾之暇，常舉行經筵日講，或在保和殿，或在文華殿，由儒臣進講。此外，也在弘德殿、瀛臺、乾清宮、前殿、懋勤殿、後殿，召儒臣進講《四書》。康熙十年（1671），設置起居注官，滿文本《起居注冊》和漢文本《起居注冊》都詳細記錄了日講官進講《四書》的活動。查閱滿文本《起居注冊》，有助於了解《四書》的滿文繙譯。（圖二）

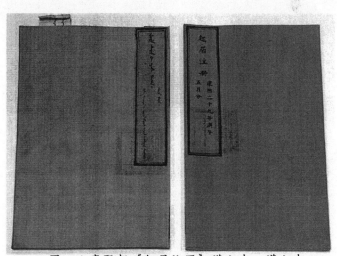

圖二：康熙朝《起居注冊》滿文本、漢文本
國立故宮博物院藏

　　滿文與漢文是兩種不同的語文，漢文本《四書》屬於文言文體裁，文字較深奧。繙譯《四書》的滿文則屬於語體文，淺顯易解，有助於了解漢文的文義。康熙十一年（1672）五月初九日辰時，康熙皇帝御弘德殿，講官傅達禮等進講《論

語》「子曰：不患人之不己知。」（圖三）句中「不患」，滿文譯作「 ᠵᠣᠪᠣ� 」，讀作「joborakū」，意思是「不擔心」、「不憂愁」，不擔心人不知己。同年十月十六日辰時，講官進講「子張學干祿。」句中「干祿」，滿文譯作「 ᡶᡠᠩᠯᡠ ᠪᡝ ᠪᠠᡳᠮᠪᡳ 」，讀作「funglu be baimbi」，意思是「尋求俸祿」。是月二十二日辰時，講官進講「子曰：非其鬼而祭之，諂也。」句中「鬼」，滿文譯作「 ᠸᡝᠴᡝᡴᡠ 」，讀作「weceku」，意思是「家神」。祭祀不是自己的家神，是對神鬼的阿諛。康熙十二年（1673）三月初二日，講官進講「季氏旅於泰山。」句中「旅」，滿文譯作「 ᠸᡝᠴᡝᠮᠪᡳ 」，讀作「wecembi」，意思是「祭祀」，季氏祭祀泰山，譯文淺顯易解。

圖三：清 邵懿辰編《聖廟祀典圖攷》（1822）顧沅賜硯堂刊本 國立故宮博物院藏 孔子 清道光六年

圖四：至聖先賢半身像　冊　孟子
國立故宮博物院藏

　　《孟子》記載孟子（圖四）與齊宣王討論「見牛未見羊」
的一段對話云：「王笑曰：是誠何心哉！我非愛其財，而易之
以羊也，宜乎百姓之謂我愛也。」孟子曰：「無傷也，是乃仁
術也，見牛未見羊也。君子之於禽獸也，見其生，不忍見其
死；聞其聲，不忍食其肉，是以君子遠庖廚也。」引文中「無
傷」，《御製繙譯四書》的滿文譯作「　　　　　　　」，讀作
「hūwanggiyarakū」，意思是「不妨」、「不要緊」、「沒關係」、
「無礙」。百姓以齊宣王愛財，不妨也。（圖五）

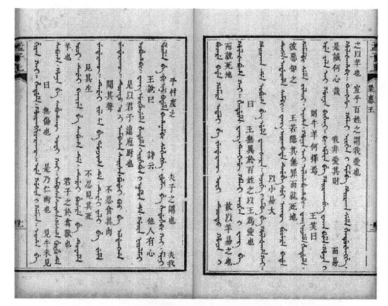

圖五：《御製繙譯四書・孟子上・梁惠王》
清乾隆 20 年刊漢滿合璧本　國立故宮博物院藏

四書講章　聖賢立言

　　康熙皇帝提倡孔孟之道，儒臣進講《四書》，不因寒暑而輟講。康熙皇帝認為「學問之道，必無間斷，方有裨益，以後雖寒暑，不必輟講。」他面諭講官說：「卿等每日起早進講，皆天德王道修齊治平之理，朕孜孜問學，無非欲講明義理，以資治道。朕雖不明，虛心傾聽，尋繹玩味，甚有啟沃之益。」

　　《論語》始於言學，終於堯舜禹湯之政；《大學》始於格物致知，終於治國平天下；《中庸》始於中和位育，終於篤恭天下平；《孟子》始於義利之辨，終於堯舜以來的道統，聖賢立言，可以化民成俗。康熙皇帝認為天德王道之全，修己治人之要，俱在《論語》一書，儒臣進講《四書》，當始於《論

語》。康熙十二年（1673）十一月二十日，《論語》各章進講
完畢，從同年十一月二十一日開始進講《大學》各章。儒臣
進講外，還遵旨撰擬滿漢講章，進呈御覽。康熙皇帝在宮中
朝夕玩閱，手不釋卷。

　　《四書講章》闡發義理，可資治道。院藏滿文清鈔本《四
書講章》，共二十七冊。康熙十六年（1677）三月十三日辰時，
講官喇沙里等在弘德殿進講《通鑑綱目》。康熙皇帝面諭喇沙
里，《四書講章》應行刊刻。喇沙里等遵旨將按日進講年終彙
呈的《四書講章》滿文本加以刪潤，校錄成帙，於同年十二
月十八日裝潢進呈御覽，題為《日講四書解義》，滿文本、漢
文本各二十六卷。

圖六：至聖先賢半身像　冊　子夏　國立故宮博物院藏

　　對照滿文本《起居注冊》後，發現滿文本《四書講章》及滿文本《日講四書解義》所譯《四書》的滿文，無論在句型語法或滿文詞彙，都很相近，是探討康熙朝滿文繙譯《四書》的珍貴古籍。據《起居注冊》記載，康熙十一年（1672）四月十五日巳時，康熙皇帝御弘德殿，講官熊賜履等進講《論語》「子夏曰：賢賢易色」一章。（圖六）句中「子夏曰：賢賢易色」，《起居注冊》滿文譯作「ᠼᡳ ᡥᡳᠶᠠ ᡳ ᡥᡝᠨᡩᡠᡥᡝ ᠰᠠᡳᠨ ᠪᡝ ᠰᠠᡳᡧᠠᠮᡝ ᠪᠣᠴᠣ ᠪᡝ ᡤᡠᡵᡳᠪᡠᡵᡝ ᠰᡝᡥᡝ」。讀作「dz hiya i henduhe sain be saišame, boco be guribure sehe」。《四書講章》中的《論語講章》滿文譯作「ᠼᡳ ᡥᡳᠶᠠ ᡥᡝᠨᡩᡠᠮᡝ ᠰᠠᡳᠨ ᠪᡝ ᠰᠠᡳᡧᠠᠮᡝ ᠪᠣᠴᠣ ᠪᡝ ᡤᡠᡵᡳᠪᡠᡵᡝ」，讀作「dz hiya hendume, sain be saišame, boco be guribure」。句中「dz hiya i henduhe」，改譯為「dz hiya hendume」。《日講四書解義》滿文譯作「ᠼᡳ ᡥᡳᠶᠠ ᡥᡝᠨᡩᡠᠮᡝ ᠰᠠᡳᠨ ᠪᡝ ᠰᠠᡳᡧᠠᠮᡝ ᠪᠣᠴᠣ ᠪᡝ ᡤᡠᡵᡳᠪᡠᡵᡝ」。讀作「dz hiya hendume, sain be saišame, boco be guribure」。《日講四書解義》的譯文，與《論語講章》的譯文相同。（圖七）

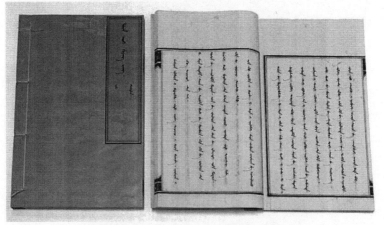

圖七：《四書講章·論語講章·學而》
清康熙間鈔滿文本　國立故宮博物院藏

　康熙十一年（1672）四月二十六日辰時，講官熊賜履等
在弘德殿進講「子曰：父在觀其志。」《起居注冊》滿文譯作
「　［滿文］　」，
讀作「kungdz i henduhe, ama bisire de terei gūnin
be cencila sehe」。《論語講章》滿文譯作
「　［滿文］　」，讀作
「kungdz hendume, amai bisire de terei gūnin be tuwambi」。句
中「kungdz i henduhe」，改譯為「kungdz hendume」;「ama」,
改譯為「amai」;「cencila」，改譯為「tuwambi」。《日講四書解義》
滿文譯作「　［滿文］　」。
讀作「kungdz hendume, amai bisire de, terei gūnin be
tuwambi」。譯文的句型語法，與《論語講章》的滿文相同。

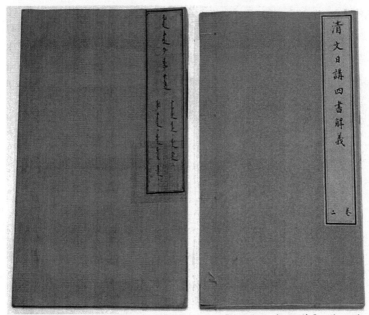

　　圖八：康熙朝《起居注冊》滿文本《日講四書解義》漢文本
　　　　國立故宮博物院藏

　　滿文本《起居注冊》所載講官進講《四書》的滿文內容，是講官與康熙皇帝對話的滿文記錄。滿文本《四書講章》的滿文內容，是講官遵旨進呈的《四書》譯文，內容詳盡。滿文本《日講四書解義》的滿文內容，是將《四書講章》潤飾修改成書的滿文繙譯內容，譯文相近，反映了康熙年間《四書》滿文譯本的共同特色。（圖八）

繙譯四書　釐定滿文

　　清朝初年，六經古籍，次第譯出滿文，《四書講章》、《日講四書解義》，首先刊佈傳習。乾隆皇帝在御極之初，即見舊譯《四書》滿文內詞句，與漢文頗有未合。於是命大學士鄂爾泰、尚書徐元夢等重加釐定。舉凡文義異同，意旨淺深，語氣輕重，稍有未協者，鄂爾泰等人，都遵旨更正。乾隆六年（1741）十月，武英殿刊印滿文本，題為《御製滿文四書》，共六冊，就是繙譯《四書》的釐定本。

圖九：《御製滿文四書・論語・學而》
清乾隆六年武英殿刊滿文本　國立故宮博物院藏

　　對照《四書講章》滿文譯本，可以說明《御製滿文四書》與《四書講章》滿文譯本的異同。譬如《論語》「子曰：學而時習之，不亦說乎？有朋自遠方來，不亦樂乎？」

	《論語講章》	《御製滿文四書》
滿文譯作		
讀作	kungdz hendume, tacimbime, erindari urebuci, inu urgun wakao. gucuse bifi goro baci jici, inu sebjen wakao.	fudz hendume, tacimbime erindari urebuci, inu urgun wakao. gucuse bifi goro baci jici, inu sebjen wakao.

句中「kungdz hendume」，意即「孔子曰」，改作「fudz hendume」，意即「夫子曰」。其餘句型語法，俱相同。（圖九）

　　「子曰：巧言令色，鮮矣仁。」

	《論語講章》	《御製滿文四書》
滿文譯作		
讀作	kungdz hendume, faksi gisun icangga cira, gosin komso dere.	fudz hendume, faksi gisun, araha cira, gosin komso dere.

句中「kungdz hendume」，
改作「fudz hendume」；
「icangga cira」，意即「和
順的臉色」，改作「araha
cira」，意即「做作的臉色」。
其餘語句，俱未改動。

　　「曾子曰：吾日三省吾
身，為人謀而不忠乎？與朋
友交而不信乎？傳不習
乎？」（圖十）

圖十：至聖先賢半身像　冊　曾子
國立故宮博物院藏

	《論語講章》	《御製滿文四書》
滿文譯作		
讀作	dzengdz hendume, bi inenggidari ilan hacin i mini beye be kimcimbi. niyalmai jalin bodoro de tondo akū ayuo. gucusei baru guculere de akdun akū ayuo. ulaha be ureburakū ayuo sembi.	dzengdz hendume, bi inenggidari ilan hacin i mini beye be kimcimbi. niyalmai jalin bodoro de tondo akū ayoo. gucusei baru guculere de akdun akū ayoo. ulaha be ureburakū ayoo sembi.

句中「ayuo」，改作「ayoo」，意即「恐怕」。

「子曰：弟子入則孝，出則弟，謹而信，汎愛眾，而親仁，行有餘力，則以學文。」

	《日講四書解義》	《御製滿文四書》
滿文譯作		
讀作	kungdz hendume, deote juse dosici hiyoošula. tucici deocile. ginggulembime akdun oso. geren be gemu gosi. gosin de hajila. yabume funcehe hūsun bici, šu be taci.	fudz hendume, deote juse, dosici hiyoošula. tucici deocile. ginggulembime akdun oso. geren be gemu gosimbime, gosin de hajila. yabume funcehe hūsun bici, šu be taci.

句中「kungdz hendume」，改作「fudz hendume」；「gosi」，改作「gosimbime」。

《御製滿文四書》是乾隆六年（1741）釐定滿文本。對照康熙年間刊印《四書講章》、《日講四書解義》滿文譯本，其句型語法、詞句文義、語氣輕重，都很相近。

滿漢合璧　精益求精

《御製滿文四書》雖經大學士鄂爾泰等人重加釐定，惟其滿文詞句語氣，改動不多。乾隆皇帝幾暇玩索，細覽釐定本滿文，發現釐定本的滿文，其詞義語氣，未能脗合者，仍然不免。於是親自指授繙譯諸臣，參考尋繹，單詞隻字，力求昭晰周到，精益求精。乾隆二十年（1755）十二月，刊印

《御製繙譯四書》，滿漢合璧，共六冊，是繙譯《四書》的定本。

《論語》「子夏曰：賢賢易色，事父母能竭其力，事君能致其身，與朋友交言而有信，雖曰未學，吾必謂之學矣。」

《御製滿文四書》	《御製繙譯四書》
滿文譯作	（滿文）	（滿文）
讀作	dz hiya hendume, sain be saišame, boco be guribure, ama eme be weilere de, hūsun be akūmbume mutere, ejen be weilere de, beye be waliyatai ome mutere, gucusei baru guculere de, gisun akdun ojoro ohode, udu tacihakū sehe seme, bi urunakū tacihabi sembi.	dz hiya hendume, sain be saišara de, boco de amuran be guribure, ama eme be uilere de, hūsun be akūmbume mutere, ejen be uilere de, beyebe waliyatai obume mutere, gucu gargan i baru guculere de, gisun akdun ojoro ohode, udu tacihakū sehe seme, bi, urunakū tacihabi sembi.

句中「賢賢」，《御製滿文四書》滿文譯作「sain be saišame」，《御製繙譯四書》滿文改譯作「sain be saišara de」；「易色」，《御製滿文四書》滿文譯作「boco be guribure」，《御製繙譯四書》滿文改譯作「boco de amuran be guribure」；「事父母」，《御製滿文四書》滿文譯作「ama eme be weilere de」，句中「weilere」是舊清語，意即「侍奉」。《御製繙譯四書》滿文

改譯作「uilere」;「事君」,《御製滿文四書》滿文譯作「ejen be weilere de」,《御製繙譯四書》滿文改譯作「ejen be uilere de」;「能致其身」,《御製滿文四書》滿文譯作「beye be waliyatai ome mutere」,句中「ome」,《御製繙譯四書》滿文改譯作「obume」;「與朋友交」,《御製滿文四書》滿文譯作「gucusei baru guculere de」,句中「gucu」《御製繙譯四書》滿文改譯作「gucu gargan」。大致而言,《御製繙譯四書》已逐句改譯。

「子曰:夷狄之有君,不如諸夏之亡也。」

	《御製滿文四書》	《御製繙譯四書》
滿文譯作		
讀作	fudz hendume, i di gurun de ejen bisirengge, dulimba i gurun i akūi adali akū.	fudz hendume, tulergi aiman, ejen bisire be sara bade, dulimbai gurun i elemangga akū i gese adali akū kai.

「夷狄」《御製滿文四書》音譯作「i di」,《御製繙譯四書》意譯作「tulergi aiman」,意即「外藩」;「有君」,《御製滿文四書》譯作「gurun de ejen bisirengge」意即「國有君」,《御製繙譯四書》譯作「ejen bisire be sara bade」,意即「雖知君在」;「不如諸夏之亡也」,《御製滿文四書》據漢文直譯作「dulimba i gurun i akūi adali akū.」意即「不如中國之無」,《御製繙譯四書》譯作「dulimbai gurun i elemangga akū i gese adali akū kai.」意即「不如像中國反而無也」,語氣較順。對照滿漢

合璧本《御製繙譯四書》，可以了解《四書》滿文譯本的規範過程。（圖十一）

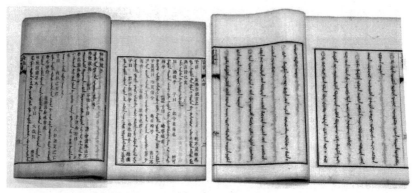

圖十一右：《御製滿文四書・論語・八佾》
　　　　　清乾隆六年武英殿刊滿文本　國立故宮博物院藏
　　　左：《御製繙譯四書・論語上・八佾》
　　　　　清乾隆二十年刊漢滿合璧本　國立故宮博物院藏

校正音義　取證經書

　　近人多從反玄談、反理學、反滿等外緣因素解釋清代學術思想的轉變。余英時教授在〈清代思想史的一個新解釋〉一文，從思想史內在的理路（inner logic）分析清代學術變成考證、變成經學的原因。論學一定要取證於經書，當理學心即理、性即理的義理之爭，已經得不到結論時，追問到最後，一定要回到儒家經典中去找尋立論的根據，義理的是非，便只好取決於經書，理學發展到了這一步，就無可避免地逼出考證之學來了。

　　清初以來，六經皆史，次第譯出滿文，惟因舊定清語，在初定之時，已失字義。因此，釐定訛謬，校定音義，是一種規範工作。滿洲語文既然是代表清朝政府的清文國語，規

範滿文，就成了刻不容緩的當務之急。乾隆皇帝認為緝譯滿文，不可拘泥成語，必須順滿文會意，方可令人易曉。乾隆年間釐定滿文，改譯《四書》，也是逼出考據學不可忽視的內緣因素。

康熙年間緝譯《四書》時，有許多名詞，都按漢字讀音譯出滿文。《詩經》，康熙年間刊印的《日講四書解義》滿文本譯作「ᠰᡳ ᡤᡳᠩ」，讀作「ši ging」。乾隆二十年（1755）刊印的《御製緝譯四書》滿文則按文義譯作「ᡳᡵᡤᡝᠪᡠᠨ ᡳ ᠨᠣᠮᡠᠨ」，讀作「irgebun i nomun」，改為按文義意譯。《四書》，《日講四書解義》滿文譯作「ᠰᡟ ᡧᡠ」，讀作「sy šu」，是《四書》的漢字音譯。《御製緝譯四書》滿文譯作「ᡩᡠᡳᠨ ᠪᡳᡨᡥᡝ」，讀作「duin bithe」，意即「四子之書」。《大學》、《中庸》、《論語》，滿文俱按漢字讀音譯作「ᡩᠠᡳ ᡥᡳᠶᠣ」（dai hiyo）、「ᠵᡠᠩ ᠶᡠᠩ」（jung yung）、「ᠯᡠᠸᡝᠨ ᡳᠣᡳ」（luwen ioi）。《御製緝譯四書》滿文則按文義改譯作「ᠠᠮᠪᠠ ᡨᠠᠴᡳᠨ ᠪᡳᡨᡥᡝ」（amba tacin bithe）、「ᠠᠨ ᡩᡠᠯᡳᠮᠪᠠ ᠪᡳᡨᡥᡝ」（an dulimba bithe）、「ᠯᡝᠣᠯᡝᠨ ᡤᡳᠰᡠᡵᡝᠨ ᠪᡳᡨᡥᡝ」（leolen gisuren bithe）。《御製緝譯四書》改譯的滿文，其文義明晰易解。（圖十二）

我國歷代以來，就是一個多民族的國家，在清朝的統治下，邊疆與內地，逐漸打成一片，華夷一家。雍正皇帝在《大義覺迷錄》中已指出，從來華夷之說，乃在晉宋六朝偏安時期醜化邊疆部族的言論。清初以來，國家一統，不應存有此疆彼界之見。《四書》中的「夷狄」字樣，康熙年間，滿文或音譯作「ᡳ ᡩᡳ」（i di），或譯作「ᡨᡠᠯᡝᡵᡤᡳ ᡤᡠᡵᡠᠨ」（tulergi gurun），意即「外國」。乾隆年間刊印的《御製緝譯四書》滿文譯作「ᡨᡠᠯᡝᡵᡤᡳ ᠠᡳᠮᠠᠨ」（tulergi aiman），意即「外藩」，又作「藩服」，意旨胳合。

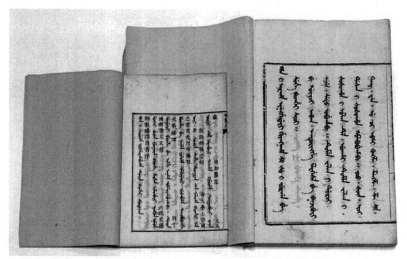

圖十二右：《日講四書解義・序》
　　　　　清康熙十六年內府刊滿文本　國立故宮博物院藏
　　　左：《御製繙譯四書・序》
　　　　　清乾隆二十年刊漢滿合璧本　國立故宮博物院藏

　　「子曰」，康熙年間，滿文譯作「 」（kungdz hendume），或作「 」（kungdz i henduhe），意即「孔子曰」。《御製繙譯四書》滿文釐正為「 」（fudz hendume），意即「夫子曰」，詞意恰當。「子曰：父在觀其志。」《日講四書解義》滿文譯作「 」讀作「kungdz hendume, amai bisire de, terei gūnin be tuwambi.」漢字「志」，滿文譯作「 」（gūnin），意思是心意的「意」。《御製繙譯四書》滿文改譯作「 」（mujin），意思是意志的「志」，滿漢文義脗合。

　　乾隆年間釐定《四書》滿文譯本時，凡是詞彙、意旨、語氣等方面未能脗合者，俱逐一重譯。四子之書，深得五經

精義，義蘊閎深，繙譯滿文，首先必須進行規範工作，舉凡釐定訛謬，校正音義，順滿文會意，考證文義的異同。乾隆年間所使用的詞彙，句型語法的表達，確實較切近於《四書》的原意。《御製繙譯四書》的譯文，兼具信雅達的優點，文以載道，滿文成為保存儒家思想的重要文字。考證一名一物，固然不會觸犯思想上的禁忌，同時也有它積極的作用。在繙譯滿文規範過程中，無可避免地必須取證於經書，使譯文更加精確地表達古義，滿文繙譯，終於逼出了考證之學。

文化熔爐
─ 清朝民族文化的同化與融合

　　清朝以少數民族而入主中原，為能鞏固政治地位，積極從事民族同化與融合的工作，從滿人姓名的漢化，到旗袍成為中國服飾的代表。同化與融合的結果，使中國境內各民族都成為中華民族的一份子。

　　中國歷代以來，即是一個多民族的國家。所謂「漢族」，其實是由許多民族所構成，而通稱的「漢文化」，也是在許多民族的文化激盪下揉合而成。五胡亂華，亂了以漢族為中華的舊秩序，衝破了夷狄不能入主中原的老觀念。遼、金君主強調華夷同風，並自認是中國朝代的合法繼承者，因此不分民族，不分

圖一：法國人所繪之清代貴婦盛裝圖像。其中貴婦身上的開衩外袍，一般稱為「箭衣」，因為袖口裝有方便騎射的箭袖（俗稱馬蹄袖）。而附有箭袖的服裝，都是官員、命婦或皇親國戚的禮服。

地域，皆以漢族為主體民族，以華夏文化為各民族文化發展
的核心，但漢族不是單純的指在中原的漢族，中國也不是單
純的指漢族在中原所建立的朝代。

從女真族到滿族

　　滿洲原來是一個古地名，在明朝所設的建州衛境內，朝鮮
史籍中的「蔓遮」，便是滿洲的同音異譯，居住在滿洲的主體
民族，就是建州女真族，而「諸申」是「女真」的轉譯，泛稱
女真諸部。

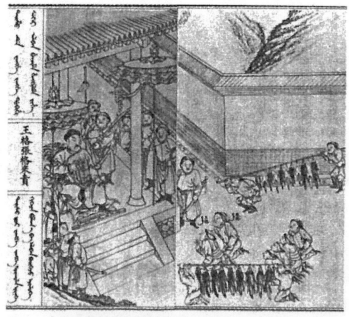

圖二：《滿洲實錄》所繪明萬曆二十七年（1599），東海
　　　女真渥集部兩位族長王格、張格前來進貢狐皮、貂
　　　皮的情形。《滿洲實錄》成書於皇太極在位時期，
　　　以滿、漢、蒙三種文體寫成，內容包括女真源起的
　　　神話故事，與努爾哈齊統一女真各部的經過。

　　十六世紀九十年代，建州女眞族裡出現了一支武力強大的努爾哈齊勢力，他先後征服了女眞各部，並於明神宗萬曆四十四年（1616）在赫圖阿拉自稱「金國汗」。努爾哈齊以歷史上金朝的後繼者自居，有凝聚各部女眞人的政治意義。

圖三：《滿洲實錄》所繪萬曆四十四年，努爾哈齊在
　　　　赫圖阿拉（興京）建立大金政權，諸王、貝勒、
　　　　大臣們前往祝賀跪拜的情形。

　　迨皇太極繼承汗位後，開始調整民族政策，天聰九年（1635）他宣布廢除「諸申」舊稱，以地名「滿洲」為新族名，稱為「滿洲」，後世簡稱「滿族」。所謂「滿族」，泛指居住在滿洲地區的民族共同體，其中以建州女眞族為主體民族。又「八旗制度」是滿族共同生活的社會組織形式；在八

旗組織中，除了建州女眞族外，還包括黑龍江、烏蘇里江、蒙古、遼東地區的漢族等民族，使八旗組織的民族成分更加擴大。其後，由於滿文的創製，使滿族獲得一種統一的、規範的新民族共同語文，對於形成滿洲新民族共同體的共同心理，起了很大的作用。

在歷史上，更改年號是更新政治氣象的大事，皇太極認為沿用歷史上的金朝國號，有刺激漢族聯想到宋金時期岳飛的故事，對他實行爭取明朝降將、漢兵及漢民的政策是不利的，因此在天聰十年（1636）四月，皇太極將國號由「大金」改為「大清」，年號也改為崇德。「大清」這一國名的出現，顯示皇太極正努力將已經由以建州女眞族為本位的部族政權，發展為以滿族為主體的政治聯合體。

通婚促進民族融合

通婚或聯姻是民族融合最常見的途徑，從滿族與蒙古等族的聯姻活動，可以了解民族融合的過程。滿洲與蒙古都是屬於北亞文化圈的範圍，他們在思想觀念及婚姻習俗等方面，大體相近，為滿、蒙聯姻提供了極為有利的條件。努爾哈齊、皇太極不僅自娶多名蒙古婦女，同時基於政治、軍事的需要，也多撮合兄弟子姪與蒙古諸部聯姻。根據《玉牒》、〈皇室族譜〉等資料的記載，從明神宗萬曆四十年至清太宗崇德八年（1643）這三十二年間，努爾哈齊、皇太極的兄弟子姪，共娶進蒙古婦女達六十人之多。

滿洲男子固然爭相娶入蒙古婦女，滿洲婦女亦集體嫁給蒙古男子。根據統計，自清太祖天命二年（1617）至清太宗崇德八年這二十七年間，宗室的公主、格格下嫁蒙古諸部者，

共有四十三人之多。從滿、蒙聯姻的頻繁，可以想見當時兩大族群迎娶送嫁，絡繹於途的盛況。

值得一提的是，在皇太極的后妃中，有八位是蒙古婦女，其中蒙古科爾沁部的哲哲、海蘭珠、布木布泰（木布泰）姑姪三人都嫁給了皇太極。本布泰即莊妃，她歷經三朝，輔立過兩位幼主。皇太極在位期間，她相夫教子，頗有美名，到了順治朝，她晉升為孝莊皇太后，輔佐年幼的皇

圖四：清代宮廷畫家所繪的莊妃朝服圖像。莊妃即孝莊皇太后，一生輔佐順治與康熙兩位幼年皇帝，並經歷多次政治危機，是位聰慧而有識見的女性。

帝度過危機。在康熙朝，她更升格為孝莊太皇太后，周旋於索尼、鰲拜等四大輔臣之間。本布泰端莊賢淑，卻富於謀略，在誅除權臣鰲拜、平定三藩之亂的過程中，充分表現出她知人善任、應付危機的卓越才能。而她精彩絕倫的故事，也曾被改編成電視劇「一代皇后大玉兒」。

滿、蒙長期又大規模的聯姻活動，成為清朝入關後遵行不替的基本國策；在這國策下，不僅使滿洲與蒙古成為政治、軍事的聯盟，而且成為休戚與共的民族生命共同體，與清朝政權相始終。

除蒙古外，滿、漢也互通婚姻，撫順遊擊李永芳歸順金

國後，努爾哈齊即以第七子阿巴泰之女嫁給李永芳，讓他成了金國的額駙。順治皇帝曾選漢女以備六宮，其中恪妃石氏就是灤州漢人、吏部右侍郎石申之女，入居永壽宮。敦肅皇貴妃年氏，是湖廣巡撫、漢軍年遐齡之女，年羹堯之妹，雍正元年（1723）受封為貴妃。清仁宗嘉慶皇帝的母后，是漢軍魏氏，擡入滿洲旗後，改為魏佳氏。滿、蒙、漢等族透過通婚，而從文化的同化進入到民族融合的層次。

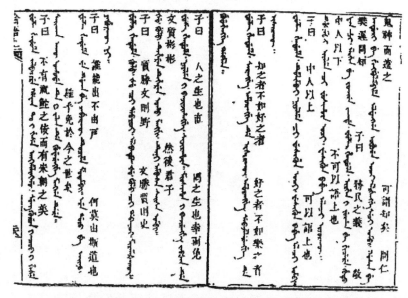

圖五：滿漢合璧的《繙譯四書》書影。清代諸帝為使滿洲人對漢文化有更深入的了解，除在科考上特開「繙譯科」外，亦積極從事漢籍的繙譯工作，除四書以外，五經、《古文觀止》、《唐詩》、《三字經》、《孫子兵法》等，都有滿文譯本。

人名的音譯與漢化

為了適應政治、文化的發展，皇太極加速漢化；他深悉

漢化程度越高，實現統治目的就越快。他在位期間，以明朝的政治體制為模式，積極調整政策，以爭取漢官的歸順。他設立六部，改文館為內三院，將儒家經典譯成滿文本，祭祀孔孟，舉行生員考試，在意識形態上吸收了中國傳統的儒家思想。清朝勢力進入關內後，內三院更名為內閣，置滿漢大學士，清朝已經進入了中國傳統文化系統的軌道，與漢、唐、宋、元、明等大朝代，並無二致。

　　清朝的漢化，就是中國化，它不僅表現在政治制度上，同時也表現在社會生活的層面上。從滿族姓名的變化，也有助於了解民族文化同化的過程。北亞草原族群以父親、祖父或曾祖父的年齡為新生嬰兒命名的習俗，十分普遍，這種名字，可以叫做數目名字，它含有紀念的性質，與漢族社會的念祖、念慈等命名習俗，意義相近，都是孝道觀念的一種表現方式。

　　滿族家譜記載了許多數目名字，例如《福陵覺爾察氏譜書》記載覺爾察氏十世祖左克什的長子名叫七十，次子名叫五十，因為長子出生時，他的祖父正好七十歲，即以祖父的年齡為長孫命名；父親左克什五十歲時，次子出生，即以父親的年齡為次子命名。十二世祖明保的長子名叫八十五，次子八十六，長子的年齡大於次子，而他的名字卻小於次子，就是因為長子出生時，其祖父或曾祖父的年齡是八十五歲，所以長子叫做八十五，第二年次子出生時，其祖父或曾祖父已經八十六歲，所以次子叫做八十六。《永陵喜塔臘氏譜書》記載十五世祖達杭阿有子六人，分別叫做六十八、六十九、七十、七十一、七十二、七十三，六十八是老大，七十三是老么，六子都是以祖父的年齡來命名，祖父從六十八歲起，每年抱一個孫子，而這六個孫子，都是數目名字。

　　滿族的數目名字，多以漢字小寫，並以漢音讀出，因小

寫數字雷同者甚多，有些名字就改為漢字大寫，這就是漢化的表現。又因數目小寫、大寫都有許多雷同，於是有些人採用同音漢字來代替數目字。例如祖父七十歲時抱了一個孫子，這個新生嬰兒的乳名就寫做七十，或七什，而「齊什」的「齊」就是「七」的同音漢字。曾祖父在八十一歲這一年抱了曾孫，這個曾孫就取名為八什一，而巴士義就是八什一的同音漢字。

滿族漢化日深以後，往往以名字的第一個字作為子孫的姓氏，例如「齊什」的「齊」、「巴士義」的「巴」，都是名字的第一個字，後來也成為滿族的姓氏。一般人常說滿族的「那」姓，是源自葉赫那拉氏的「那」。其實，有些滿族的「那」姓，它的起源，最初也是由滿族的數目名字變化而來的。「七十」是滿族社會較常見的數目名字，滿語讀如「nadanju」，漢字音譯作「那丹珠」，意即祖父七十歲時所抱的孫子，為了念祖，所以用祖父的年齡來命名，因為雷同的名字較多，有些人便以「那丹珠」的「那」來稱呼他，「那」漸漸變成了姓氏，久而久之，便忘了它的起源。其實，從後世「那」姓往前追溯，可以從族譜等資料找到他的祖先中，曾經有人取名為「那丹珠」的，由於漢化的結果，便以「那丹珠」的「那」字作為姓氏。因此，倘若不去考察滿族的命名習俗及其姓氏的變化，就很難說明滿族漢化的過程。

從薩滿信仰到關帝崇拜

從民間信仰的變化，也可以說明滿漢民族文化同化的過程。薩滿信仰是北亞草原社會盛行的共同信仰，相信萬物有靈，屬於多神崇拜的範疇。當佛道思想日益普及後，薩滿信仰的神祇體系便產生重大的變化，佛道神祇、觀世音菩薩等相繼進入了薩滿信仰的行列。

　　三國時期的蜀將關公（關雲長），自唐代以後，中原漢族對他的崇拜即已盛行，後來更成為佛道共同崇拜的神祇，被尊為關聖帝、伏魔大帝。《三國志通俗演義》描寫關公的神武

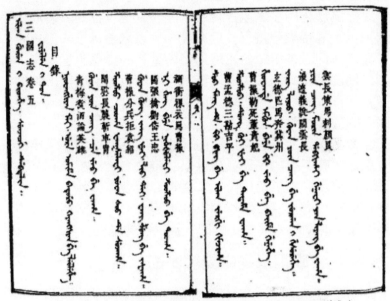

圖六：滿漢合璧的《三國志》（即俗稱的《三國演義》）
　　　　書影。除了文史典籍的繙譯工作外，滿洲人還
　　　　將章回小說、筆記小說繙譯成滿文來閱讀，如
　　　　《西廂記》、《西遊記》、《金瓶梅》等。

忠義，既生動又感人，因此他的忠義形象，就成了努爾哈齊心目中的楷模。皇太極也非常喜愛閱讀《三國志通俗演義》，並曾命達海等人將它譯成滿文，頒給八旗將領。這位由英勇善戰的忠義名將神化而來的關帝，對崇尚武功、恪守信義的邊疆民族，具有特殊的吸引力，關公就這樣以忠義戰神的形象進入了滿洲社會，皇太極推崇關公，常舉關公的故事來教育、訓誨大臣。

　　《三國志通俗演義》滿文譯本在滿洲社會廣泛流傳，對

於關公的忠義故事，可謂家喻戶曉。滿語稱「爺爺」為「mafa」，漢字音譯作「瑪法」。關公，滿文譯作「guwan mafa」，漢字音譯作「關瑪法」，意思是關爺爺。而「關瑪法傳奇」在滿族長篇說部中，內容豐富，其飲食用具、穿著服飾以及生活禮儀，都已滿族化。在滿族社會中，關公就是一位頗具滿族個性的神祇，關帝崇拜盛行於遼東後，也以忠義神祇的形象登上了薩滿信仰的神壇。由於清代歷朝皇帝的提倡忠君思想，關帝的地位不斷提高，中原漢族崇拜的關帝，也成了清朝的保護神。從遼東地區關帝廟到處林立的事實，可以說明滿族對關帝的頂禮膜拜，已經超越了民族情感。

　　關帝不僅登上了薩滿信仰的神壇，同時也進入了滿族的社會生活，有不少的家庭都喜歡以關帝命名，以祈求關帝的默佑。後來滿族的瓜爾佳氏，其漢字音譯多作關姓，在關姓氏族社會裡，多以關帝廟作為家廟。關帝崇拜在滿族社會的日益普及，有助於滿漢文化的同化及民族的融合。

旗袍成為中國服飾的代表

　　民族文化的同化過程，往往是雙向進行的，這種雙向同化過程，就是形成新的民族共同體的重要條件。清代歷朝皇帝一方面倣效明朝制度，積極漢化，接受儒家思想；一方面提倡滿語騎射，不改衣冠，嚴禁寬衣大袖。擇善固執，保持傳統，兩

圖七：穿旗袍的滿族婦女（清吳友如《上海百豔圖》）。

者並不矛盾。

　　滿族服飾有其特色，長久以來，對我國各民族的傳統服飾文化產生很大的影響。滿族的長袍，是從遼、金、元的服裝式樣演變而來的一種服飾，因為這種長袍是滿族旗人的常服，所以後世習稱它為「旗袍」。滿族婦女所穿的旗袍，最具特色，圓口高領，袖口平而大，緊扣的高領，使人感到莊重含蓄。旗袍起初是寬腰直筒，兩側下襬開衩，整塊布料，由上至下剪裁而成，線條優美，造型大方，行走時給人一種輕盈飄逸的感覺，在旗袍上加穿或長或短的背心，更加嫵媚。後來，旗袍逐漸變小，腰身緊窄，通體細長，縮短袍長，稱身合體。

　　旗袍布料，一般以淺淡為主，錦鍛旗袍，雍容華貴；青布旗袍，淡雅質樸。旗袍是滿族婦女流行較長久的一種長袍，後來也演變成為漢族婦女的主要服飾之一。辛亥革命後，各式滿族服飾，多被淘汰，但旗袍仍為我國各民族婦女所喜愛，滿族旗人的長袍，終於成為我國具有獨特風格，最能表現東方美的一種服飾。從滿族婦女旗袍演變為漢族婦女所喜愛的時裝，成為普遍的婦女服飾，確實可以說明滿漢文化雙向同化，就是形成民族共同體的重要條件。

滿漢同屬中華民族

　　清朝入關之初，滿漢之間的族群衝突，曾一度激化。但清初諸帝極力防範，從不縱容旗人凌壓漢民。雍正元年（1723），直隸巡撫李維鈞具摺奏聞地方情形，原摺奉雍正皇帝硃筆批諭說：「知道了，所奏甚是。但直省旗、民雜處，向來旗人之橫暴，小民受累，地方官不敢彈壓，朕所悉知。此一習俗，務必整除，不可存漢人不憐旗人之影子，不可畏懼王公大人之私論，即皇莊內如有不安分擾害地方者，一個也不可姑容，盡皆密奏，朕自然有處分。」直隸等地，旗人與

民人彼此雜處，但雍正皇帝並不姑容旗人，滿漢民族，一視同仁。

　　光緒三十一年至三十三年（1905-1907）這三年間，梁啓超主編的《新民叢報》與革命黨的《民報》發生了一連串的筆戰，雙方駁論的文字，不下百餘萬言，革命黨方面的汪精衛等人認為滿人非我族類，不承認滿族是中國人，並以清朝為敵國。梁啓超認為滿族已經同化於漢民族之中，民族問題已經不存在，滿族入主中原，是改朝換代，並非亡國。經過清朝長期的統治，奠定五族共和的基礎，各民族的衝突，逐漸緩和。同化融合，使中國境內各民族都成為中華民族的一份子。

圖八：清末的《民報》書影。由封面的「日本明治三十八年十一月二十六日初版發行」這行文字來看，可見當時的革命黨以清朝為敵，不承認滿族是中華民族的一份子。

同舟共濟
——清代臺灣的族群融合

滿族本身是少數民族，向來對民族歧視、族群對立頗不以為然。因此，清朝的皇帝從不用籍貫區分族群，而清朝的民族政策，如異族通婚、進貢賞賜、推廣教育等，也有利於臺灣族群的融合。

圖一：臺灣古今地名對照圖。從圖中可見清代臺灣的地名和現在有很大的不同，而當時的地名，多與原住民族群名稱相關。

我國歷代以來，就是一個多民族的國家，各民族的婚姻形式，彼此不同。清代臺灣原住民的婚姻形式，反映了母權制社會的特徵。福建巡撫趙國麟指出臺灣大甲溪（今臺中大甲）、沙轆（今臺中沙鹿）、牛罵（今臺中清水）等社的婚俗是「親姪作婿，堂妹為妻，生子歸嫁，招婿同於娶媳。」謝遂繪製《職貢圖》畫卷描述鳳山縣放𦀟（今屏東林邊）等社平埔族的婚俗說：「婚娶名曰牽手，女及笄，搆屋獨居，番童

以口琴挑之，喜則相就。」

圖二：謝遂《職貢圖》裡臺灣原住民的圖像。右邊男女為放縤社平埔族，左邊男女則為簫壠社平埔族，從他們的衣著與身邊的器物，可以窺見當時這兩個平埔族群的裝扮與習俗。

　　「番童」除了彈口琴之外，也吹鼻簫。諸羅縣簫壠（今臺南佳里）等社原住民「能截竹為簫，長二、三尺，以鼻吹之。」郁永河著《裨海紀遊》一書記載臺灣原住民少女長大後，父母使居別室，少年求偶，或吹鼻簫，或彈口琴，少女擇所愛者，乃與挽手，鑿上顎門牙旁二齒，彼此交換。哆囉嘓社（今臺南東山）男女成婚後，也折斷上齒各二顆，送給對方，彼此謹藏，表示山盟海誓，終身不改之意。

互通婚姻　番漢牽手

　　清代臺灣是一個移民社會，透過通婚，可以淡化社會矛盾，促成族群的直接融合。由於閩粵漢族移民與臺灣原住民的通婚，番漢牽手，在一個文化圈裡共同生活，而形成一個

大家庭，有助於中華民族共同體的形成與發展。如淡水廳境內的三灣（今苗栗三灣），在嘉慶年間仍屬於土牛界（清代官方在臺灣中部與北部所修築的一道番漢界溝）外的荒埔，但已有不少的粵籍和閩籍移民前往搭寮開墾，同時也與原住民進行貿易。他們通曉賽夏等族語言，還入山娶了原住民少女為妻，見於清朝官方文書的「番割」，就是與原住民通婚的閩粵漢人。

圖三：清人所繪的《臺灣風俗圖》中，關於原住民與漢人交易的情形。從圖中可見原住民以狩獵所獲的皮毛，與豢養的牲畜，和漢人交換布匹、器皿等日常用品。

　　舉例來說，黃斗乃原名黃祈英，是粵籍客民，嘉慶十年（1805），他隻身來臺，進入中港溪斗換坪（今苗栗頭份斗煥里），開始以食鹽、布疋等物，與原住民交換土產。斗換坪就是因漢人與原住民以斗交換物品而得名，後來改名為斗煥坪，已失原意。日久以後，黃祈英漸得原住民信任，並娶原

住民少女為妻，又蓄髮改裝，順從原住民習俗，更名黃斗乃。他後來糾邀同鄉張大滿、張細滿等人入山，約為兄弟，也各自娶了原住民少女為妻。

嘉慶二十五年（1820），黃斗乃、張大滿、張細滿合力開墾三灣荒埔，後來又溯中港溪進入南莊（今苗栗南庄）開墾。黃斗乃等人藉著原住民的保護，越過土牛界線，進入生界原住民山區墾拓荒埔。他們雖然被稱為「番割」，但在臺灣早期族群融合歷史舞臺上卻扮演了重要的角色。其後，地方官也倣照嘉義阿里社的先例，遴選通曉原住民語言的漢人充當正副通事，同時挑選三灣原住民中曉事明理者充當正副土目（即頭目），定期在三灣隘口貿易，以物易物。

由於語言相通，彼此通婚，生活物資的互通有無，三灣、南莊等地的番漢關係，頗為融洽。

進貢賞賜　聯絡情感

滿族本身是少數民族，向來對民族歧視、族群對立頗不以為然。清朝皇帝認為中外一家，上下一體，不當以籍貫區分族群。清朝的民族政策，有利於臺灣族群的融合。

康熙、雍正皇帝常以長城口外進貢的鹿、豕、雉、兔頒賜臣下，他們認為君臣黎庶，不分族群，無非家人父子，賜食賜腥，可以聯絡上下感情。因此，福建督撫也常將臺灣特產進呈給皇帝。如康熙年間，閩浙總督覺羅滿保進貢番茉莉、番檨、番薯秧、番稻穗、黃梨、西瓜、白斑鳩、綠斑鳩、番雞、番鴨、臺猴、五色鸚鵡等。其中由於臺灣多沙土，適宜西瓜生長，由內廷頒賜種子，試種成功，遂使西瓜成為重要的貢品之一。

　　此外，黃梨俗稱地波羅，就是鳳梨。番檨的「檨」，讀如「算」，就是芒果。至於五色鸚鵡，則能唱番歌。雍正年間，鳳山縣港東（今屏東東港溪以東）等社土官又進貢番豬、番氈、番鷄、藤籠、青檳榔等物，都是為了聯絡上下情感，不在貢品的輕重。

　　清朝皇帝重視臺灣原住民的歸化，亟欲了解臺灣的民情風俗，而臺灣原住民的入京覲見，有助於清朝皇帝的認識臺灣和原住民的綏撫同化。康熙年間，閩浙總督覺羅滿保奏聞諸羅等縣原住民自幼學跑，一天能跑二百里路，速度快，又耐遠，於是派遣千總護送馬大等社原住民焦力烈等七人，並帶著四隻雖然不善跑，卻長於捕鹿的臺灣獵犬進京覲見。

圖四：閩浙總督覺羅滿保進貢給康熙皇帝的臺灣土產清單。從清單裡可見臺灣當時盛產的物品，以及康熙皇帝對這些土產的看法。

圖五：雍正年間水里等原住民的位置圖。當中的
「水沙連大湖」，即今日的日月潭。

　　雍正十二年（1734）十月，是雍正皇帝五十七歲萬壽節，
臺灣原住民慶福等二十二名，由通事、千總護送過海到福州
省城參加祝壽活動。由此可見，原住民與滿、漢等族共同祝
壽，並非化外之民。

　　乾隆年間，原住民協助清軍平定林爽文亂事後，阿里山、
傀儡山（今北大武山）、大武壠（今臺南玉井）、屋鰲（今臺
中東勢一帶）等社大小頭目三十名由義民首葉培英等帶領入
京觀見乾隆皇帝。當大頭目阿吧哩等人進入紫禁城後，乾隆
皇帝就頒賞物品，其中大頭目阿吧哩等四名，每名各賞給六
品頂騷鼠帽一頂，官用緞面灰鼠皮補褂、羊皮蟒袍、紬襖各
一件，緞靴、布襪各一雙，絲線帶手巾一分；小頭目凹土弄
等二十六名，每名各賞給七品頂騷鼠帽一頂，官用緞面灰鼠

皮補褂、羊皮蟒袍、細襖各一件，緞鞋一雙。宮中文物，滿
載而歸，成為這些大小頭目珍藏的傳家之寶。

　　道光年間，閩浙總督劉韻珂等渡海來臺履勘水沙連（今
南投竹山、集集等地）等社形勢，沿途有各社原住民饋贈番
布、鹿皮、鹿角、鹿筋、鹿脯、番雞、番餘等物。劉韻珂禮
尚往來，也分賞紅布、食鹽，以示體恤。後來，劉韻珂路過
日月潭邊時，水裡（今日月潭地區）社原住民爭相邀他乘船
遊覽，他因盛情難卻，加上或可藉此遍勘全社形勢，遂登船
遊潭。

　　劉韻珂所乘坐的獨木舟，當地稱為「蟒甲船」，由七、八
人盪槳划行。一路只見原住民們躍躍歡騰，其親愛之忱，毫
無虛飾。歡欣之餘，劉韻珂還向道光皇帝繕摺描繪了日月潭
的特殊景致：「水裡社之日月潭，南北縱八、九里，橫半之水
色紅綠平分，四圍層巒疊翠。潭心孤峙一峰，名珠子山，高

圖六：謝遂《職貢圖》裡彰化水沙連社原住民
的圖像。他們築石屋、穿鹿皮，婦女善
織布，嫁娶時以刀斧或鍋碗為聘禮。

里許，頂平如
砥，可容屋十
數椽，番倉數
十間，依山繞
架。潭東溪
源，四時不
竭，水邊漁
簑，零星隱約
於竹樹間，是
其山水之清
奇，實為各社
之名勝。」日

月潭景致之美，清朝君臣都留下深刻的印象。

　　原住民居住內山，生活貧苦，臺灣地方官體恤內山原住民買食鹽斤艱難、布質襤褸、衣不蔽體，因此，常購買布疋、鹽斤，差員賞賜。其讀書「番童」，則照例賞給銀牌、煙、布、紙、筆等物，各社原住民都歡悅感激。中法戰役後，內山原住民爭相就撫，劉銘傳即將庫存旗幟號衣改做衣褲，官紳也踴躍捐助，共計七萬餘套，分賞各社丁男女。由於清朝君臣對臺灣原住民的關懷，其社會經濟加速發展，生活改善，風移俗易，對促進族群的融合，產生了正面的作用。

推廣教育　整合族群

　　清朝政府在臺灣推行的文教措施和考試制度，有助於族群的融合。清廷領有臺灣後，即開始設立學校，推廣儒學教育，以培養科舉人才。

　　清朝政府的重視文教工作，反映在其治臺政策的積極面上。康熙二十三年（1684），設立臺灣縣學和鳳山縣學；康熙二十四年（1685），又設立臺灣府學。康熙二十五年（1686），再設立諸羅縣學。雍正元年（1723），加設彰化縣學。此外，還有義學、書院和社學，都以儒家經典為主要教材，思想相近，容易產生共識。

　　清朝政府不僅重視閩粵漢族的文教工作，尤其積極倡導推廣山地教育。同光年間，沈葆楨、丁日昌、劉銘傳等地方大吏都主張加強內山原住民的鄉村教育，設立社學，學習漢語漢文，以通語言，以達其情。此外，王凱泰在福建巡撫任內，為推廣原住民教育，還曾經刊刻《訓番俚言》。

　　又據督辦福建船政吳贊誠具摺奏稱，光緒初年，花東後

山一帶已設義塾十六處，其中卑南覓社村落中有議事公所，稱為「笆樓館」，雖然只是茅屋，但周圍竹樹環繞數里，環境幽靜，社中設有義塾，土目陳安生之子年約七、八歲，已能背誦《訓番俚言》，另外楊姓社丁的幼女，入塾讀書兩年後，已經讀完《四書全詮》及《詩經》，對《訓番俚言》還能逐句講解大意，既通原住民語言，又能講漳、泉方言。

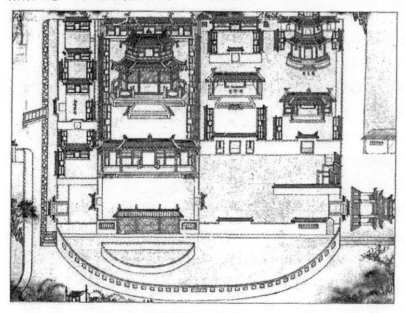

圖七：清人所繪的臺灣府學圖。臺灣府學即今日的臺南孔廟，是
　　　清代臺灣的「最高學府」，主要建築有明倫堂（學生上課
　　　所在地）、文廟（孔廟）、大成殿、魁星閣（祭拜文昌君與
　　　魁星）等。

　　臺灣改設行省後，內山生界原住民多送子弟到各廳縣入學。由於地方大吏的積極提倡，教育日益普及，對臺灣族群的融合，扮演了重要角色。

　　科舉制度是基於尚賢思想所產生的一種傳統考試制度，有

它合理的一面.，政府利用考試的辦法提拔人才，科甲出身者，成為各級官員的主要成員。清廷將臺灣納入版圖後，即在臺灣設立儒學，開科取士，實行和閩粵內地一致的考試制度，閩粵漢族移民和臺灣原住民一視同仁，有助於族群的融合。

按照《學政全書》的規定，凡入籍二十年以上，其祖先墳墓田宅，確有印冊可據者，方准考試。乾隆三十二年（1767）十二月，臺灣府舉行科舉考試，生童劉麟遊等人的原籍是廣東嘉應州鎮平縣，他們到臺灣道考棚應試，都因成績優異，取進生員，撥入府學。據劉麟遊指出，廣東生童在臺灣應試，雖然是客籍，但只要有產業，就算有根柢入籍臺灣，里管族鄰都肯出結保證，閩籍生童也不會攻訐，大家都能去參加考試。閩籍、粵籍皆以祖先墳墓為共同的認定標準，慎終追遠，符合儒家孝道觀念。

臺灣科舉考試，有民童與「番童」之分，原住民生童取進生員後，也有進學名額，可以撥入府學。福建巡撫丁日昌認為原住民歸化已久，頗有讀書明理之人，因此奏請援照康熙五十四年（1715）湖南所屬苗傜另編字號之例，於正額外量取一名，歸入府學。其後的光緒三年（1877）二月，臺灣府舉行科舉考試，即取淡水廳「番童」陳寶華、鳳山縣「番童」沈紹陳入府學。

臺灣移民社會的族群，雖然有先來後到的分別，在進學名額上也有民童、「番童」多寡不同的差異，但在文化意義上，體制相同的儒學教育和考試制度，具有心理層面的整合功能，同學感情濃厚，有利於臺灣的族群融合。

不分省籍　共同禦敵

　　清代臺灣移民社會的形成及族群的分布，都與臺灣的自然地理有著密切的關係。閩粵移民渡海來臺之初，缺乏以血緣紐帶作為聚落組成的條件，通常是同一條船的同鄉聚居一處，形成以地緣關係為紐帶的地緣村落。基於祖籍的不同，加上習俗、語言等的差異，早期閩粵移民，大致被分為福建泉州籍移民、漳州籍移民和廣東籍客家移民，此外還有部分福州、汀州、興化等府寄籍之人。由於移民人口的里居田土互相錯處，彼此往往會為族群利益而發生衝突，導致械鬥盛行，釀成社會動亂。為發揮守望相助的精神，各族群的社會菁英，多能破除本位主義，急公嚮義，自備資斧，招募義民保境，以穩定社會秩序。

　　以林爽文起事為例，當天地會眾進攻彰化時，泉州晉江縣人蔡運世即會同廣東籍客家移民饒凌碧，共同募集泉州籍和廣東籍「義民」二千餘人，一齊防守牛罵頭庄。迨林爽文攻破彰化縣城，並攻搶鹿仔港（今鹿港）時，籍隸泉州晉江縣的監生林文浚，即與泉州籍義民首黃奠邦、廣東籍義民首邱丕萬等共同招募閩粵義民計一萬多人，在署守備陳邦光的領導下，收復彰化縣城，並擒獲天地會的重要頭目高文麟、楊振國等人。此外，南路天地會首領莊大田起事以後，鳳山縣山豬毛（今屏東三地門）廣東籍客家移民，群起募集港東、港西一百多庄義民共八千餘名，分為中左右前後及前敵六堆（即今俗稱的六堆客家庄），同心防守，讓會黨不敢越雷池一步，附近泉州庄居民，也多攜家帶眷到那裡避難。

　　再如彰化縣民孫返是漳州籍移民，道光二十四年（1844）八月初，他到葫蘆墩街挑賣菁仔（即檳榔），葫蘆墩泉州籍移

民陳結怒責孫返不應越界售賣，結果兩人互相詈罵，引發漳泉分類械鬥。在此期間，有廣東籍客家鄉紳劉捷鰲等出面約束客家庄，不許附和閩人，不准捲入分類械鬥，還自備資斧，招募義勇，以防守客家村庄。義民首鍾成邦等督帶壯丁，彈壓各庄，使泉漳亂民不敢乘間搶割田中稻穀，同時開通水圳，勸諭漳泉移民同歸和好，以便居民均得早日歸庄，及時灌溉播種。客家庄義首的義舉，有助於社會秩序的恢復。

風雨同舟　一心一德

清廷領有臺灣後，仍保存明鄭時期的土地政策和郡縣制度，並劃歸廈門為一區，置臺廈道，臺灣府隸屬於福建省，實施和福建內地一致的行政制度，並不視為化外之區。同光年間，更積極建設臺灣，鞏固海防，開放港口，對外貿易，緩和人口壓力。臺灣建省後，行政區重新調整，化除了褊狹的地域觀念，省籍意識也日益淡薄，社會更趨整合，族群加速融合。

臺灣的自然環境，較為特殊，它孤懸外海，福建巡撫丁日昌將之比喻為一尾魚。他說：「臺灣地勢，其形如魚，首尾薄削，而中權豐隆，前山猶魚之腹，膏腴較多，後山則魚之脊也。」臺灣移民社會的形成，族群的分布及其活動，都與臺灣的地理特徵，有著密切的關係。

其實，孤懸外海的臺灣，更像一艘汪洋裡的蟒甲孤舟，生長在其中的各個族群，唯有團結一致，才不會讓這孤舟沉沒。不管祖籍為何，大家都是臺灣人，需要的是本土化，而非對立，只要彼此同心同德，就能讓臺灣站起來，走出去，畢竟歷史是向前發展的。

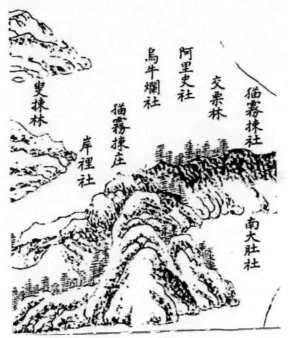

圖八：雍正年間（1723-1735）
岸裡等社位置圖（局部）。

就地正法

—清朝後期秘密會黨的社會侵蝕與社會控制

一、清朝前期律例的變化

　　跪拜天地，歃血瀝酒，盟誓焚表，異姓弟兄義結金蘭，是倡立秘密會黨的基本形式。在清朝律例中既有禁止異姓結拜的條款，對於考察秘密會黨的源流及社會控制，顯然是很有意義的。

　　清朝律例，雖然承襲明律，但有清一代的法律，由於因時制宜，陸續纂修條例，而有相當大的變化。有的是由皇帝頒發諭旨，定為條例；有的是由內外臣工條奏，經刑部議准，纂為條例。清朝律例的連續性和變化，以及條例在法律上的作用，都是不能忽略的問題。因此，「研究清朝法律，必須研究條例，不能僅研究律文，否則不但不了解全面，不了解其變化，不了解法律的具體運用，還會發生錯誤，將早已不用的律文當做清朝的法律來論證。這一點常為人所忽略，往往重視律文，而不注意條例[1]。」

　　清朝律例的變化，主要是在於條例，而不在於律文。據《清史稿‧刑法志》的記載，康熙以前累朝舊例共三二一條，康熙年間現行例共二九〇條，雍正三年（1725），欽定例共二

---

1 瞿同祖撰，〈清律的繼承和變化〉，《歷史研究》，1980 年，第 4 期（北京，中國社會科學出版社，1980 年 8 月），頁 137。

〇四條，總共八一五條[2]。乾隆元年（1736），刑部奏准三年修例一次。乾隆十一年（1746），內閣等衙門議改五年修例一次。乾隆四十四年（1779），部議明確規定，既有定例，則用例不用律。《清史稿》指出「高宗臨御六十年，性矜明察，每閱讞牘，必求其情罪曲當，以萬變不齊之情，欲御以萬變不齊之例。故乾隆一朝纂修八、九次，刪原例、增例諸名目，而改變舊例及因案增設者為獨多[3]。」清朝君臣認為刑法中的律文，不足以包羅萬象，恐法外遺奸，為求情罪相當，乃針對不同情況而增加條例，使執法者不至於各有歧異。

　　乾隆以降，不斷以新例來補充律文，或改變舊例，於是條例愈來愈多，愈多愈繁，經道光、咸豐以迄同治，其條例增至一八九二條。《清史稿》對清朝律例的變化，已指出其得失，略謂：

> 蓋清代定例，一如宋時之編敕，有例不用律，律既多成虛文，而例遂愈滋繁碎。其間前後牴觸，或律外加重，或因例破律，或一事設一例，或一省一地方專一例，甚且因此例而生彼例，不惟與他部則例參差，即一例分載各門者，亦不無歧異，輾轉糾紛，易滋高下。雍正十三年，世宗遺詔有：國家刑罰禁令之設，所以詰奸除暴，懲貪黜邪，以端風俗，以肅官方者也。然寬嚴之用，又必因乎其時。從前朕見人情淺薄，官吏營私，相習成風，罔知省改，不得不懲治整理，以戒將來。今人心共知警惕矣，凡各衙門條例，有前嚴而改寬者，此乃從前部臣定議未協，朕與廷臣悉心酌核

2　《清史稿》，卷149，〈刑法一〉，頁3。
3　《清史稿》，卷149，〈刑法一〉，頁4。

而後更定，自可垂諸永久。若前寬而改嚴者，此乃整
飭人心風俗之計，原欲暫行於一時，俟諸弊革命，仍
可酌復舊章，此朕本意也，向後遇事斟酌，如有應從
舊例者，仍照舊例行，借後世議法諸臣未盡明世輕世
重之故，每屆修例，第將歷奉諭旨及議准臣工條奏，
節次編入，從未統合全書，逐條釐正[4]。

新例與舊例既前後牴觸，彼此歧異，當時人遂有「大清律易
遵，而例難盡悉；刑律易悉，而吏部處分律難盡悉，此不過
專為書吏生財耳」的歎息[5]。

　　從清朝律例的變化，可以看出清朝臣工用例輔律，甚至
捨律用例的趨勢。清初以來，不斷以條例來修改律文，使原
有的律文因而不再有效，幾乎等於廢除。郭建撰〈當代社會
民間法律意識試析〉一文指出我國歷代法律是以刑法、行政
法等調整君主臣民關係的法律規範為主，極度缺乏調整社會
成員個人之間經濟社會關係的法律，在日常生活中體會不到
法的存在。法律的權威，遠低於皇帝的敕令，真正在司法中
起作用的是敕令與條款案例。司法機構與行政部門長久以來
的合而為一，更不能體現法律的權威，法律訴訟知識也全被
官府衙役、師爺所壟斷[6]。從清朝律例的變化，可以看出當時
的法律，並非一種穩定的、公開的為社會成員普遍遵守的律
文。基於對法律的漠視與畏懼，民間很早就產生了在法律之
外的各種自我保護方式，這種自保意識，往往直接排斥法律

---

4 《清史稿》，卷 149，〈刑法一〉，頁 4。
5 夏先範輯，《胡文忠公遺集》（臺北，文海出版社，民國 67 年 1
　月），卷 3，《守黔書牘》，〈致左季高姻丈〉，頁 34。
6 郭建撰，〈當代社會民間法律意識試析〉，《復旦學報》，1988 年，
　第 3 期（上海，復旦大學，1988 年 5 月），頁 81。

的效力，清朝異姓結拜及秘密會黨就是民間自保意識下的一種產物。

二、取締異姓結盟律例的修訂

清初以來雖然已有禁止異姓結盟的條文，但也只能說明民間異姓結拜風氣的盛行。康熙年間雖然針對異姓人結拜弟兄問題先後三次修訂律例，但是條文中並未指明是對付天地會而修訂的，並不能證明天地會起源於康熙年間。雍正三年（1725），刑部題准合併康熙十年（1671）及康熙十二年（1673）所訂律例，重修〈奸徒結盟〉律例。康熙十年（1671），刑部題准歃血結拜弟兄首犯擬絞監候，雍正三年（1725），將「歃血結拜弟兄」修改為「凡異姓人歃血訂盟焚表結拜弟兄」，並刪略「為從杖流」字樣。

雍正六年（1728），臺灣父母會成立的宗旨，主要是為了會中成員父母身故，互助喪葬費用，是屬於地方性的一種民間互助團體，也是一種自力救濟組織，但因父母會的組織方式及其結拜儀式，是屬於異姓結拜，異姓人結拜弟兄，歃血盟誓，各人以針刺血，滴酒同飲，俱與清初律例互相牴觸，而遭到官方的取締。父母會成員遵守盟約誓言，民間私人關係，取代了官方法律關係。臺灣總兵官王郡、護理臺灣道臺灣府知府俞存仁、諸羅縣知縣劉良璧等人審擬父母會湯完一案時所援引的律例條文為：「定例，異姓歃血訂盟，不分人之多寡，照謀叛未行律，為首者擬絞，監候秋後處決，為從者杖一百，流三千里，僉妻發遣，至配所折責四十板[7]。」父母會雖然共推湯完為大哥，其實是由陳斌首先起意招人入會，總兵官王郡等人即以陳

---

7 《宮中檔雍正朝奏摺》，第 11 輯（民國 67 年 9 月），頁 68。

斌為會首,照定例擬絞監候,而將湯完等人照為從例擬流,惟因黃贊、蔡祖、朱寶三人年幼無知,俱照律收贖。至於蔡蔭一案,則照未結歃血焚表結拜兄弟為首例,將蔡蔭杖一百,折責四十板,其餘陳卯等人則照為從例,杖八十,折責四十板。惟董法、石意二人,年僅十五歲,照例責懲。總兵官王郡等人審擬父母會湯完、蔡蔭二案時,並非援引雍正三年(1725)重修〈奸徒結盟〉律例,而是援引康熙十年(1671)及康熙十二年(1673)所訂律例,惟文字略有損益。從臺灣地方官審擬父母會時援引取締異姓結拜條例判決加以觀察,可以證明清朝秘密會黨確實是由異姓結拜團體發展而來的秘密組織。臺灣父母會並未暗藏大旗、長槍或其他軍器,不是政治性的叛亂組織,但福建總督高其倬卻比例加重,嚴加懲治,並將辦理經過,繕摺奏聞。其原摺略謂:

> 查臺灣地方遠隔重洋,向因奸匪曾經為變,風習不純,人情易動,此等之事,懲治當嚴。況福建風氣,向日有鐵鞭等會,拜把結盟,奸棍相黨,生事害人,後因在在嚴禁,且鐵鞭等名,駭人耳目,遂改而為父母會,乃其奸巧之處。臣查結盟以連心,拜把以合黨,黨眾漸多,即謀匪之根。湯完一案,雖據審無謀匪藏械,蔡蔭一案,雖據審無歃血等情,似應照例擬究完結。但臺灣既不比內地,而湯完等拜把,竟有銀班指,非尋常拜把之物。且陳斌固係招人起意之人,而湯完現做大哥,豈可輕縱。又蔡蔭一案,雖無歃血,而兩次拜把,既屬再犯,且其夥漸增,尤為不法。臣擬將湯完、陳斌俱行令曉示立斃杖下,以示懲警,餘人照例解審問流。蔡蔭二次拜把為首,亦應行令曉示杖斃,

　　餘二次拜把者，加重枷責，押過海交原籍禁管安插[8]。
引文中所稱「向因奸匪曾經為變」，即指康熙六十年（1721）
四月二十日朱一貴起事而言。福建總督高其倬認為臺灣地
方，遠隔重洋，「風習不純，人情易動」，不比內地，結盟拜
會案件，不應照例擬究。基於政治上的考慮，為防範未然，
遂將湯完、陳斌改擬「立斃杖下」，以示懲警，蔡蔭亦行令曉
示杖斃，其餘人犯照例解審問流，或解回原籍禁管安插。高
其倬原摺奉硃批：「知道了，料理的是。」湯完、陳斌、蔡蔭
三人，俱被立斃杖下，較當時現行例加重懲處，已開就地正
法的先例，可以說明清朝地方官審擬異姓結拜或結盟拜會案
件因地而異的情形。

　　康熙十年（1671），清朝律例中關於禁止異姓結拜的規定，
已經在條款內容上把〈雜犯〉變成了〈謀叛〉罪。乾隆五年
（1740），清廷重修《大清律例》，正式刊佈，全書凡四十七卷，
四三六門，計一〇四九條，其中有關禁止異姓結拜的條款，移
置於第二十三卷〈賊盜・謀叛〉項下，其條文與雍正朝所訂內
容，基本相同，並無重大增補。乾隆初年以來，閩粵地區的結
盟拜會案件，雖然層見疊出，但清廷迄未針對秘密會黨的活動
制定取締專條。乾隆二十九年（1764）十月初八日，福建巡撫
定長具摺奏請嚴訂結會樹黨治罪專條，其原摺略謂：

> 閩省山海交錯，民俗素稱強悍，凡抗官拒捕械鬥逞兇之
> 案，歷所不免。近經嚴立科條，有犯必懲，此風已稍為
> 歛戢。惟臣自抵任來，留心訪察，知閩省各屬，向有結
> 會樹黨之惡習，凡里巷無賴匪徒，逞強好鬥，恐孤立無
> 助，輒陰結黨與，輾轉招引，創立會名，或陽托奉神，

8　《宮中檔雍正朝奏摺》，第 11 輯，頁 69。

或陰記物色，多則數十人，少亦不下一、二十人。有以
年次而結為兄弟者，亦有恐干例禁而並無兄弟名色者。
要其本意，皆圖遇事互相幫助，以強凌弱，以眾暴寡，
而被侮之人，計圖報復，亦即邀結匪人，另立會名，彼
此樹敵，城鄉效尤，更間有不肖兵役潛行入夥，倚藉衙
門聲勢，里鄰保甲，莫敢舉首，小則魚肉鄉民，大則逞
兇械鬥，抗官拒捕，亦因此而起，是結會樹黨之惡習，
誠為一切奸宄不法之根源。臣察知此弊，歷次通行嚴飭
查拏，並剴切出示，曉以利害，更於地方官謁見時諄諄
告誡，雖現在少有發覺之案，但恐漸染既深，惡習未能
悉除，且參酌律例，並無匪徒結會樹黨治罪之專條。惟
例載異姓人歃血訂盟焚表結拜弟兄不分人數多寡，照謀
叛未行律為首者擬絞監候，其無歃血盟誓焚表事情，止
結拜弟兄，為首者杖一百，為從者各減一等等語，外省
如遇有異姓人結會樹黨之案，多照此例分別辦理。惟是
例內特嚴於歃血盟誓焚表，若止結拜弟兄者，原無以人
數多寡區別之明文，而承問官拘泥例文，易啟避重就輕
之弊。蓋歃血盟誓焚表，事屬秘密，過後既少有形跡可
驗，各犯到案，斷不肯據實供明，承審之員，亦樂於從
輕完結，故若訊無歃血盟誓焚表，即使結會樹黨，並結
拜弟兄至數十人之多者，皆得概予杖責釋放，間有比例
量為酌加，亦終不足使匪徒懲創，以致釀成巨案，水懦
易犯，諒由於此。臣愚以為凡鄉民無知結會，如香會、
神會等名色，雖各處多有，然不過春秋祈報，初非有意
為匪，即或另有愚民因情分相投，聯為同氣，亦不過數
人而止，若夫糾約多人創會樹黨，結拜弟兄，其蓄心已

非善良，其招引必多匪類，似不得以其並無歃血盟誓焚表概為輕恕，應即按其人數之多寡，定厥罪之差等，以免邊海匪徒肆行無忌，輾轉蔓延，為害無窮也。臣悉心斟酌，請嗣後凡異姓人結拜弟兄，如實有歃血訂盟焚表情事，仍不分人數多寡，為首之人照例擬絞外，其雖無歃血盟誓焚表，但經糾眾結拜弟兄數至三十人以上者，無論有無創會，將為首之人，即照歃血盟誓焚表例擬絞監候；數至二十人以上者，將為首之人杖一百，流三千里；數在十人以上者，將為首之人杖一百，徒三年；其為從之人，如曾轉為糾約多人者，各照為首例減一等；此係被誘聽從入夥者，准再減一等；若數在十人以下，為首者仍照原例杖一百，為從減一等；若雖無弟兄名色，而非實係春秋祈報，托名創會樹立黨與者，均按其人數，分別首從，照糾眾結拜弟兄例，各減一等，如有文武衙門兵丁胥役入夥者，雖為從各照為首之人一例問擬；鄉保失察，或知情不首，分別治罪；借端誣告者，照律究懲；至該管文武及地方官如平日失於覺察，迨經告發，或上司訪聞，即能捕獲要犯據實詳究者，仍照定例免其議處；若不准理，又不緝拏，並獲犯到案故減人數，曲為開脫者，從重參處。如此庶匪徒不敢任意糾眾結黨，而地方官既不敢瞻顧失察處分，諱匿不究，亦得按人數以定爰書，莫敢姑息養奸，懲匪僻而靖海疆，似不無裨益[9]。

由前引奏摺可知，福建巡撫定長針對秘密會黨活動而奏

---

9 《宮中檔乾隆朝奏摺》，第 22 輯（民國 73 年 2 月），頁 804，乾隆二十九年十月初八日，福建巡撫定長奏摺。

請增訂的治罪專條，其內容主要包括兩個部分：一方面是將
結會樹黨案件仍舊援引雍正三年（1725）修訂條例辦理；一
方面按照結拜人數多寡，以定罪情輕重。福建巡撫定長原摺
指出原訂律例，並無結會樹黨治罪專條，外省遇有結會樹黨
案件，多照禁止異姓人歃血訂盟焚表結拜弟兄定例分別辦
理。定長奏請增訂治罪專條，也將異姓結拜與結會樹黨正式
聯繫起來，充分說明秘密會黨在性質上就是一種異姓結拜組
織。定長原奏於乾隆二十九年（1764）十一月經刑部議覆增
訂成例，並載入《欽定大清會典事例》之中。但對照定長原
奏與刑部議准條例後，可知定長按人數多寡以定罪情輕重的
建議，並未被清廷所採納。姑且不論這條律例的增訂和當時
福建天地會活動是否有密切關係，但是清廷卻首次正式將取
締閩省結會樹黨與禁止異姓人結拜弟兄合併增入大清律例之
中，就是針對閩省會黨活動，在原有禁止〈奸徒結盟〉的條
例上增添"結會樹黨"字樣，這就同時充分表明福建結盟拜會
風氣的盛行。

　　乾隆三十八年（1773），廣東揭陽縣有縣民四十餘人聚眾
結盟，不序年齒，共推年僅二十二歲的陳阿高為大哥。此案
經廣東巡撫德保覆審，擬以絞候，發回監禁。有陳阿高素好
的林阿裕等，探知陳阿高罪名已定，起意糾眾劫獄，乘揭陽
縣署理知縣交卸之際，約期舉事，寅夜爬城，因地保等人發
覺喊叫，始行逃逸。次年正月，清高宗頒降諭旨稱：

> 此案皆由陳阿高擬罪過輕，匪徒見其久繫囹圄，遂爾
> 潛謀滋事，致皆身罹重典。使陳阿高犯案時，即行正
> 法，林阿裕等無隙可乘，轉得杜其奸謀，亦即可全其
> 軀命，所謂辟以止辟，用意正復如此。及查覈原案，

則陳阿高之問擬絞候，尚係德保比例加重，是此條舊
定之例，原未允協。夫以歃血訂盟，謂不分人數多寡，
殊覺顢頇失當。豈以十人內外，與多至四、五十人者，
漫無區別乎？即如陳阿高一案，結盟至四十餘人之
多，又係該犯起意聚眾，且陳阿高年僅二十二歲，案
犯較其年長者尚多，而眾皆推之為首，即屬匪黨巨魁，
更非序齒結拜弟兄者可比，自當另定條例，以示創懲，
所有陳阿高罪名，已諭令李侍堯歸於林阿裕等案內，
從重定擬。至嗣後遇有此等案件，如何定例之處，著
刑部詳細妥議具奏[10]。

由前引諭旨可知廣東巡撫德保辦理陳阿高一案，已較原訂條
例加重懲處，但清高宗認為舊例過輕，歃血結盟不分人數多
寡，年少居首，亦未論及，顢頇失當，故飭刑部詳加修訂。
刑部遵旨研擬條例具奏，其原奏略謂：

凡異姓人但有歃血訂盟，焚表結拜弟兄者，照謀叛未
行律，為首者擬絞監候，為從減一等。若聚眾至二十
人以上，為首者擬絞立決，為從發雲貴兩廣極邊煙瘴
充軍。其無歃血盟誓焚表事情，止序齒結拜弟兄，聚
眾至四十人之多，為首者擬絞監候，為從減一等。若
年少居首，並非依齒序列，即屬匪黨巨魁，首犯擬絞
立決，為從發極邊煙瘴充軍。如序齒結拜，數在四十
人以下，二十人以上，為首者杖一百，流三千里，不
及二十人，杖一百，枷號兩個月，為從各減一等[11]。

---

10 《清高宗純皇帝實錄》，（臺北，華聯出版社，民國53年10月），
　　卷951，頁10，乾隆三十九年正月丙子，諭旨。
11 《清高宗純皇帝實錄》，卷951，頁11，乾隆三十九年正月二十
　　二日，據刑部奏。

　　《欽定大清會典事例》中所載乾隆三十九年（1774）改定條例，就是根據刑部奏准條文略加修改而增入的，例如刑部原奏內「為從發極邊煙瘴充軍」，《欽定大清會典事例》作「為從發雲貴兩廣極邊煙瘴充軍」，其餘文字出入不大。康熙、雍正現行例中，禁止異姓結拜，並無按人數多寡定罪的規定，乾隆三十九年（1774）改定條例，首次按人數多寡以定罪情輕重，以免漫無區別。這條律例的增訂，充分說明異姓結拜活動規模的擴大以及秘密會黨的盛行，不但會黨林立，而且各會黨成員也是人數眾多。

　　乾隆年間，臺灣秘密會黨更加活躍，在林爽文領導天地會起事以前，小刀會的活動，最為頻繁，都集中在彰化一帶。乾隆四十八年（1783），福建水師提督黃仕簡、福建臺灣道楊廷樺提審小刀會各要犯覆鞫後，除林阿騫等九人為小刀會首夥，又因攻莊搶殺，歸入械鬥案內被正法外，其餘各犯俱依例審擬。黃仕簡等人所援引的條例如下：

> 查例載結會樹黨，陰作記認，魚肉鄉民，凌弱暴寡者，照兇惡棍徒例，發雲貴兩廣極邊煙瘴充軍，為從減一等，各衙門兵丁胥役入夥者，照為首例問擬各等語[12]。

　　黃仕簡等人所援引的就是乾隆二十九年（1764）改定的條例，而文字稍簡略。黃仕簡將林文韜等十四名小刀會成員均照例發雲貴兩廣極邊煙瘴充軍，從重改遣伊犁等處，給種地兵丁為奴，夥犯林豹等十名俱照為從減等杖徒例，從重照兇惡棍徒例發雲貴兩廣極邊煙瘴充軍。由此可知地方官審擬臺灣小刀會案件，無論首夥各犯，均比例加重，從重懲辦。

12　《宮中檔乾隆朝奏摺》，第 22 輯（民國 75 年 11 月），頁 860，乾隆四十八年四月二十九日，福建水師提督黃仕簡奏摺。

至於兇橫不法兵丁楊祐、曾篤等人，黃仕簡審擬時是照兇惡棍徒例充軍，從重改遣伊犁等處，給種地兵丁為奴。多羅質郡王永瑢議覆小刀會案件時，則以兵丁楊祐、曾篤將林文韜擒至營盤，騎壓身上，剜瞎眼睛。控縣關提時，抗不到案，恃伍逞兇，目無法紀，實與光棍無異，未便如黃仕簡等人所擬，應改照光棍為從例擬絞。但因臺灣為海疆重地，兵丁肆橫，凌虐百姓，釀成事端，情罪較重，於是請旨將楊祐、曾篤即行正法[13]。

　　臺灣諸羅縣的添弟會與雷公會，是屬於同籍同姓的械鬥組織。乾隆五十一年（1786）七月，捐職州同楊文麟恐養子楊光勳與親生子楊媽世彼此爭鬥，釀成慘案，於是赴縣城首告楊光勳結拜添弟會，楊光勳亦訐告楊媽世倡立雷公會。同年閏七月初四日，署諸羅縣知縣董啟埏等差遣兵役查拏會黨。閏七月初七日，石溜班汛把總陳和帶兵四名押解添弟會成員張烈一名，行抵斗六門，楊光勳率眾劫囚，殺害把總陳和及兵役。斗六門汛把總陳國忠率領兵役往援，添弟會成員持刀拒捕。臺灣鎮總兵官柴大紀等率同文武員弁馳赴諸羅，先後拏獲楊光勳等八十九名審究。柴大紀等人所援引的律例為「律載謀叛不分首從皆斬，其拒敵官兵者，以謀叛已行論。又例載閩省民人結會樹黨，不論人數多寡，為首者照兇惡棍徒例，發雲貴兩廣極邊煙瘴充軍，為從減一等等語[14]。」其中除謀叛律外，所稱閩省民人結會樹黨云云，就是援引乾隆二十九年（1764）改定的會黨治罪專條，而不是援引乾隆三十

---

13 《軍機處檔‧月摺包》，第 2776 箱，140 包，33320 號，乾隆四十八年七月初一日，多羅質郡王永瑢奏摺錄副。

14 《天地會》（一），（北京，中國人民大學出版社，1980 年 11 月），頁 173。

九年（1774）新例。楊光勳為首倡立添弟會，又同何慶等人率黨劫囚，張能等下手殺害弁兵，張光輝等放火，拒敵官兵，李鴻等傷斃巡檢家丁，以上十八名俱照謀叛不分首從皆斬律，擬斬立決，因其情罪重大，於閏七月二十九日恭請王命，先行正法梟示。陳輝等二十八名，因聽從入會，又聽從劫囚，各持刀棍在場助勢，同惡共濟，除何郎等八名先被槍傷斃命不議外，其餘陳輝等二十名，均照謀叛律擬斬立決梟示，各犯家屬緣坐，財產入官。楊媽世是監生，為首結會樹黨，不便照常例擬充軍，從重改發伊犁充當苦差。添弟會成員張泮等二十五名，雷公會成員潘吉等二十四名，以上共四十九名，聽糾入會，俱從重發雲貴兩廣煙瘴充軍，改發極邊足四千里。清朝地方大吏以臺灣地方遠隔重洋，不比內地，對結盟拜會案件的審理，都持懲治當嚴的態度，雖然援引現行律例，但俱比例加重，並非按照常例辦理。

臺灣天地會起事以後，閩粵內地亦奉旨嚴辦會黨，破獲天地會案件多起。乾隆五十二年（1787）十一月十六日，福建漳浦縣人張媽求糾邀何體等共一○八人結拜天地會，於同年十二月二十日夜間焚搶鹽場衙署、稅館，戕害兵民，張媽求等人被拏獲後經閩浙總督李侍堯等人審擬，所援引的律例如下：

> 律載：凡謀叛俱共謀者，不分首從皆斬，妻妾子女給付功臣之家為奴，財產入官，女許嫁已定，子孫過房與人，聘妻未成者俱不坐，父母子孫兄弟不限籍之同異，皆流二千里。又例載：兇惡棍徒，糾眾商謀，放火搶奪，其本非同夥，借名救火，乘機搶掠財物者，照搶奪律治罪。又閩省民人有結會樹黨，陰作記認，

　　魚肉鄉民，凌弱暴寡者，不論人數多寡，為首者發極
　　邊煙瘴充軍，為從減一等各等語[15]。

　　由前引條文可知閩浙總督李侍堯等人所援引的律例，主
要包括謀叛律、兇惡棍徒搶奪律及乾隆二十九年（1764）改
定閩省結會樹黨治罪專條。張媽求等人是會首黨夥，首先起
意謀劫縣城倉庫，焚搶稅關、鹽館、戕殺多命，方開山等人
雕刻印信，同惡相濟，俱從重凌遲處死。此案被押赴市曹，
分別凌遲斬梟傳示犯事地方者共八十七人。

　　林爽文起事期間，諸羅縣崎內莊人李效倡言天地會黨夥
欲來搶掠，莊民紛紛逃避，乘間攫取所遺銀物。清軍平定林
爽文後，李效恐被告發，於乾隆五十四（1789）六月間倡立
遊會，同年八月，李效等十六人被挐獲，八月二十二日，解
往臺灣府審訊，臺灣鎮總兵官奎林、臺灣道萬鍾傑等人所援
引的條例包括光棍為首斬立決例及乾隆二十九年（1764）閩
省結會樹黨治罪專條，於審明後恭請王命將李效等五人綁赴
市曹斬決[16]。清軍平定臺灣南北路後，林爽文等人被解送京
師，按謀反大逆律凌遲梟示。天地會的逸犯潛匿各地，企圖
復興天地會，直接或間接地加速了天地會及其他各種秘密會
黨在臺灣和內地各省的傳播與發展，地方大吏取締秘密會黨
的活動，更是從嚴辦理。乾隆五十五年（1790）九月，原籍
廣東的謝志與原籍福建漳州的張標等人在臺灣南投虎仔坑訂
盟，復興天地會，共推張標為大哥，宰雞歃血鑽刀盟誓，九
月初二、二十一、二十五、二十九等日，張標等人多次糾人

15　《天地會》（五），頁371。
16　《軍機處檔‧月摺包》，第 2744 箱，175 包，42241 號，乾隆五
　　十四年十一月初六日，臺灣鎮總兵官奎林奏摺錄副。

結會。張標等人被拏獲後，臺灣鎮總兵官奎林援引乾隆三十九年（1774）新定條例審擬，應將張標等人擬絞立決，但因張標等人重興天地會，輾轉糾人，又藏匿林爽文天地會舊誓章，不法已極，而將張標等三十一名，均照謀叛不分首從皆斬律擬斬立決，於審訊後綁赴市曹，即行處斬。其餘林三元等九名，聽從糾邀，但未訂盟，俱照異姓歃血訂盟焚表結拜弟兄聚至二十人以上為從發雲貴兩廣極邊煙瘴充軍例，從重發往黑龍江，給披甲人為奴[17]。

　　乾隆二十九年（1764），增訂結會樹黨治罪專條，是針對福建地區各種會黨活動而修改的，並非專對天地會而發的，洪二和尚傳授天地會，是後來查出來的。張標、謝志等人復興天地會一案查辦完結後，臺灣鎮總兵官奎林、閩浙總督伍拉納先後奏報了臺灣復興天地會的活動。乾隆五十七年（1792），刑部議覆張標一案後，即針對臺灣復興林爽文天地會將律例作了重大的修訂，議定了典型的案例。其中最可注意的是在天地會的會名上冠以"復興"字樣，說明這條律例的修訂，與林爽文領導天地會起事有關。這是乾隆年間對取締異姓結拜及結會樹黨條款所作第三次重大的修訂，也是清廷第一次將"天地會"字樣明確地寫入了《大清律例》。過去有些學者根據這條律例中"復興天地會名目"一語，以證明天地會由來的久遠，或者證明天地會在雍正十二年（1734）發生過重大的改組，並以此作為天地會創立於康熙甲寅或雍正甲寅年的一個重要依據。其實，清廷重修律例時增加"復興天地會"字樣，目的是為了進一步取締臺灣復興天地會的活動，而張標、謝志所要復興的天地會，既然是林爽文起事時的天地會，

17　《天地會》（五），頁383。

這就不能說明天地會由來的久遠，從而引伸出天地會是始於康熙年間，且於雍正年間進行復興或改組[18]。乾隆五十八年（1793）二月，臺灣鎮總兵官哈當阿拏獲陳潭等復興天地會案內逸犯廖喜等人時，即援引新例從嚴審擬。乾隆五十九年（1794），鳳山縣拏獲小刀會鄭光彩等首夥共四十九名，亦照新例審擬斬立決，於審明後綁赴市曹處斬。新例原本是針對復興天地會而增訂的，但地方官也援引這條新例來審擬小刀會。

乾隆五十七年（1792），清廷針對臺灣復興天地會而修訂的新例，原本是暫時性的條例，清廷原以為臺灣復興天地會的活動，數年以後，即可平息。因此，在新例中有「俟數年後此風漸息，仍照舊例辦理」等語。所謂"舊例"，即指乾隆二十九年（1764）或乾隆三十九年（1774）的現行條例而言。但自嘉慶初年以來，不但臺灣結會樹黨的風氣，並未漸息，而且閩粵內地及其鄰近地區如江西、廣西、雲南、貴州、湖南等省，其結盟拜會案件，更是層見疊出。因此，迄未恢復舊例。嘉慶年間（1796-1820），清廷因應各省秘密會黨的盛行，曾先後將有關取締秘密會黨活動的律例作了四次的修訂。第一次修訂是在嘉慶八年（1803），根據乾隆三十九年（1774）所訂條例作了部分的增訂。乾隆三十九年（1774）所訂條例中對年少居首非依齒序列的結盟拜會活動，不論人數多寡，其首犯擬絞立決。嘉慶八年（1803），將年少居首非依齒序列的結盟拜會活動，規定在四十人以上的首犯始擬絞立決，其未及四十人的首犯定為擬絞監候，這部分的修訂，

---

18 秦寶琦撰〈天地會檔案史料概述〉，《歷史檔案》，1981 年，第一期（北京，歷史檔案雜誌社，1981 年 2 月），頁 115。

充分反映嘉慶初年非依齒序列的結盟拜會活動，已極普遍。第二次修訂是在嘉慶十六年（1811），將嘉慶八年（1803）改定條例內增入乾隆二十九年（1764）閩省結會樹黨治罪專條，遂將兩例合併為一條，並刪略"閩省民人"等字樣，以擴大新例的適用範圍。第三次修訂也是在嘉慶十六年（1811），其內容是根據乾隆五十七年（1792）新例而改定的，所修改的文字，頗值得注意，將「臺灣不法匪徒」修改為「閩粵等省不法匪徒」等字樣。乾隆五十七年（1792）新例是專指臺灣復興天地會而言，第三次修訂條例，則泛指「閩粵等省」，這個條例的修改，充分反映閩粵等省內地秘密會黨的盛行，而將臺灣一府使用的專條，擴大為內地各省適用的通例。第四次修訂是在嘉慶十七年（1812），這次修訂，主要是綜合歷年舊例，歸併為一條，以減少援引條例的紛歧。

　　乾嘉時期，由於清朝律例經過多次修訂，地方大吏審擬秘密會黨案件時所援引的條例，往往因人而異，因地而別，並不一致。嘉慶初年以來，各省督撫或援引乾隆二十九年（1764）結會樹黨治罪專條，或援引乾隆三十九年（1774）異姓結拜按人數多寡治罪條例，或援引乾隆五十七年（1792）臺灣復興天地會治罪新例，或援引嘉慶十六年（1811）閩粵等省復興天地會治罪通例，甚至援引取締"邪教"的左道異端惑眾律"從重治罪。地方大吏因援引律例互異，其情罪輕重，遂各不相同。嘉慶三年（1799）七月初九日，臺灣嘉義縣人徐章糾邀胡番婆等十人結拜小刀會，鑽刀飲酒，拜天立誓。胡番婆等人被拏獲後，福建水師提督兼管臺灣鎮總兵官哈當阿援引乾隆五十七年（1792）新例審擬，胡番婆聽從入會，又輾轉糾人，於是按照新例擬斬立決。嘉慶六年（1801）十

二月二十五日，臺灣府知府吳逢聖等審擬鳳山縣小刀會逸犯林專，亦援引乾隆五十七年（1792）新例，將林專擬斬立決，於審明後恭請王命，將林專綁赴市曹正法[19]。地方官既援引新例審擬小刀會，遂使新例逐漸成為通例。

嘉慶五年（1800）十二月，福建同安縣人陳姓到廣東海康縣傳授天地會，海康縣人林添申向陳姓學習天地會隱語暗號。嘉慶六年（1801）六、七月間，多次糾人結拜天地會，各起天地會，俱奉林添申為總會首。會中表文內有「復明萬姓，一本合歸洪宗，同掌山河，共享社稷」等字樣，表後書寫"天運辛酉年"字樣，林添申等人被挐獲究辦，兩廣總督覺羅吉慶等人審擬林添申結拜天地會一案所援引的律例如下：

> 律載：大逆者凌遲處死；又例載：不法匪徒潛謀糾結，復拜天地會名目，搶劫拒捕者，首犯與曾經糾人，及情願入夥，希圖搶劫之犯，俱擬斬立決。其聽誘被脅而素非良善者，俱擬絞立決等語[20]。

林添申照大逆律凌遲處死，方庭相等四人，照「不法匪徒」潛謀糾結復拜天地會名目擬斬立決，丁承恩等四人，照聽誘被脅擬絞立決，以上九人因情罪較重，於審明後恭請王命，即將林添申凌遲處死，方庭相等七人分別斬絞，游紹賢一名先已病斃，仍行戮屍，林添申等九人首級俱於犯事地方懸掛梟示。嘉慶七年（1802）九月，兩廣總督覺羅吉慶等人審擬廣東香山縣黃名燦結拜天地會一案，亦援引「不法匪徒潛謀糾結復拜天地會名目」，審擬治罪。所謂「不法匪徒」，

---

19 《宮中檔》，第 2712 箱，53 包，7078 號，嘉慶六年十二月二十八日，福建臺灣鎮總兵愛新泰奏摺。

20 《宮中檔》，第 2712 箱，51 包，6378 號，嘉慶六年十月十二日，兩廣總督覺羅吉慶奏摺。

新例原文作「臺灣不法匪徒」，是針對臺灣復興天地會而修訂的，兩廣總督覺羅吉慶等人雖然援引乾隆五十七年（1792）新例，卻將"臺灣"字樣刪略，使這條新例，適用於廣東內地，其目的就是藉新例從嚴懲治內地會黨。從覺羅吉慶等人援引臺灣復興天地會治罪專條審擬林添申等結會案件，可以反映嘉慶初年廣東地區秘密會黨的盛行，及社會動亂的擴大。

　　由於內地閩粵等省秘密會黨蔓延日廣，地方官辦理秘密會黨案件時，多援引臺灣復興天地會治罪專條，嘉慶十六年（1811），清廷修訂律例時，即將乾隆五十七年（1792）新例內「臺灣不法匪徒」修改為「閩粵等省不法匪徒」，使新例適用於內地閩粵各省。嘉慶十九年（1814）八月初一、九月初一、十月十五等日，江西崇義縣人鍾體剛多次糾人結拜添弟會，充當老大。嘉慶二十年（1815）二月，江西巡撫阮元審擬鍾體剛結拜添弟會一案時所援引的條例如下：

> 例載：閩粵等省不法匪徒，潛謀糾結，復興添弟會名
> 目，首犯與曾經糾人之犯，俱擬斬立決；如平日並無
> 為匪，僅止一時隨同入會者，俱發遣新疆酌撥種地當
> 差等語[21]。

　　鍾體剛屢次糾結添弟會，照例斬決，江西巡撫阮元經審明後即將鍾體剛綁赴市曹處斬，仍傳首犯事地方梟示。江西巡撫阮元將辦理經過具摺奏明，其原摺奉硃批：「甚是」。嘉慶二十年（1815）七月，兩廣總督蔣攸銛審擬廣東增城縣民鄭大食四結拜添弟會一案時，也是援引嘉慶十六年（1811）修訂條例究辦，將鄭大食四擬斬立決，於審明後，恭請王命，

---

21 《宮中檔》，第 2723 箱，94 包，17818 號，嘉慶二十年二月十二
　　日，江西巡撫阮元奏摺。

綁赴市曹，先行斬決，仍傳首地方，懸竿示眾[22]。嘉慶十六年
（1811）修訂的條例，雖然將臺灣地區擴大為閩粵內地，但
仍然是針對天地會而言，江西巡撫阮元、兩廣總督蔣攸銛辦
理添弟會案件時，都比照取締天地會治罪條例審擬。因此，
雖然援引嘉慶十六年（1811）修訂新例，但將新例原文內「復
興天地會名目」改為「復興添弟會名目」，使新例適用於天地
會以外的其他會黨。

　　道光年間（1821-1850），有關取締秘密會黨的條例，僅
作了局部文字的修改。道光五年（1825），因嘉慶十七年（1812）
定例內各衙門兵丁胥役入夥照為首例問擬，恐與例首歃血訂
盟等項首犯罪應擬絞者相混，於胥役下增「隨同結會樹黨陵
弱暴寡者」十一字；將「照為首例問擬」一句，改為「照為
首例與起意糾結之犯一體擬軍」；將兇惡棍徒「發雲貴兩廣極
邊煙瘴充軍」，改照現行例擬「發極邊足四千里充軍」。道光
六年（1826），修改新疆遣犯部分，將嘉慶十七年（1812）定
例內發新疆酌撥種地當差之犯改發雲貴兩廣極邊煙瘴充軍，
到配所加枷號三個月。道光二十四年（1844），將新疆遣犯照
舊發往，仍復原例。

　　道光六年（1826），臺灣分類械鬥規模擴大，巫巧三為首
結拜兄弟會，人數眾多，迭次攻打貓裡、南港、中港、後壠
等處漳、泉各莊。巫巧三等人在中港街殺斃男婦三命，又在
後壠商同吳阿生等人擄獲素有嫌隙的泉籍移民朱雄、趙紅二
名，綑縛樹上支解。兵役先後拏獲兄弟會首夥巫巧三等四百
餘名，閩浙總督孫爾準將審擬兄弟會經過繕摺具奏。其原摺

22 《宮中檔》，第 2723 箱，99 包，19261 號，嘉慶二十年七月初六
　日，兩廣總督蔣攸銛奏摺。

指出巫巧三除糾鬥殺人結拜兄弟罪止斬絞不議外，其支解朱雄等二命，從重科斷，即依支解人者凌遲處死律凌遲處死；嚴阿奉除結拜兄弟罪止擬絞不議外，其糾鬥殺人，即依臺灣械鬥殺人例斬立決；劉萬盛等七名，起意糾鬥，俱依臺灣械鬥為首糾約聚眾例斬立決；吳阿生等三名，除結拜為從輕罪不議外，其聽糾出鬥，又聽從巫巧三支解二命，俱依支解人為從加功律斬立決；羅弗生等七十二名，聽糾結拜，助鬥殺人，俱依臺灣械鬥殺人例斬立決。以上八十四名內除巫巧文等八名在監病故外，其餘巫巧三等七十六名因情罪重大，於審訊後恭請王命，綁赴市曹，分別凌遲處斬，傳首犯事地方，懸竿示眾[23]。由閩浙總督孫爾準所援引的條例加以觀察，可知兄弟會是一種分類械鬥極為濃厚的秘密會黨，除巫巧三等人依支解人凌遲處死律凌遲處死外，其餘俱依臺灣械鬥殺人例斬立決。

三、就地正法章程的實施

　太平軍起事以後，秘密會黨多與盜賊、土匪、散兵游勇，互相結合，肆行搶掠，攻掠城鎮，對社會造成嚴重的侵蝕作用。有軍務省分，以幅員遼闊，搶劫盜竊案件，解往省城勘審，道路遙遠，長途押解，疏脫堪虞，所需兵役既多，解費亦鉅。地方大吏為一時權宜之計，多將搶劫盜竊案重犯，奏明就地正法。咸豐三年（1853），清廷頒佈諭旨：「各直省如有土匪嘯聚成群，肆行搶劫，該地方官於捕獲訊明就地正法，至尋常盜案，仍著照例訊辦[24]。」由於會黨與盜賊土匪的結合，

---

23 《軍機處檔·月摺包》，第 2747 箱，25 包，57516 號，道光六年十一月二十五日，閩浙總督孫爾準奏摺錄副。

24 《光緒朝東華錄》（三）（臺北，文海出版社，民國 52 年 9 月），頁 1293，光緒八年四月辛酉，據李文敏奏。

會黨案件也開始按照土匪搶劫案件就地正法章程從重辦理，地方大吏多將各營縣拏獲結會及搶劫重犯遵照諭旨於訊明後批飭就地正法，於年終彙奏[25]。

同治初年，軍務雖然逐漸肅清，但各省盜風仍極熾盛，廣東等省尤甚。同治二年（1863），兩廣總督毛鴻賓、廣東巡撫郭嵩燾奏陳辦理地方事宜，旋奉諭旨：「廣東省廣州府屬及佛岡直隸同知拿獲匪犯仍行解省勘審外，其距省較遠之各府廳州縣所拿獲拜會從逆拒敵官兵者，及迭次行劫夥眾持械拒捕傷人罪應斬梟斬決各犯，由各該州縣審實後，即解送該管道府覆審，錄供具詳該督撫審明情節確實，即飭令就地正法[26]。」地方大吏雖然援引就地正法章程嚴辦會黨，但是會黨活動並未停止。

太平天國自道光三十年（1850）起事，至同治三年（1864）覆亡，歷時長達十五年。其間從太平軍在金田發難至奠都天京，為時僅二年餘。初起時，人數不過二萬，奠都天京後，號稱有二百萬之眾。嗣後西征北伐，攻城掠地，太平軍所到，如摧枯拉朽，一直到咸豐六年（1856），太平軍在長江流域佔有江蘇、安徽、江西、湖北的大半，可以說是太平天國的鼎盛時期，但是它的盛世極為短暫。導致太平天國由盛轉衰的因素很多，除了太平天國的內鬨及太平軍早期的各種失策外，湘淮軍的興起，可以說是太平天國的致命打擊。同治三年（1864）六月，湘軍攻破天京，太平天國覆亡。

太平天國革命運動失敗以後，各地會黨的勢力，同時也

---

25 《軍機處檔・月摺包》，第 2766 箱，59 包，106309 號，同治十年二月二十三日，閩浙總督英桂奏摺錄副。

26 《光緒朝東華錄》（三），頁 1245，光緒八年正月戊申，據張樹聲奏。

遭受重大的挫折。在同治初期，會黨案件，已顯著的減少。
據地方大吏奏報，從太平天國覆亡至同治末年，活動較頻繁
的會黨，主要為金錢會、青龍會、八卦會、小刀會、紅會、
黃會、白會、天順會、江湖會、哥老會、哥弟會等。同治二
年（1863）五月間，湖南查辦青龍會，五月二十三日，拏獲
頭目周太和等人。湖南巡撫毛鴻賓具摺指出青龍會聲勢浩
大，分佈於益陽、寧鄉、安化、沅江、龍陽、華容、安鄉各
屬，其頭目多在益陽一帶，胡花臣等人即為大頭目[27]。

　　咸豐十一年（1861），浙江平陽縣等地金錢會起事後，曾
攻陷福建福鼎縣等地，失敗後，曾改立紅布會，繼續活動。
同治三年（1864）五月初，地方官稟報平陽縣金錢會散放紅
布，改名八卦會，會首趙辛卯，又名趙阿虎。五月十三日，
趙辛卯在平陽北港地方豎旗起事，分股進攻福建福寧府。五
月十五日，兵役拏獲遊僧九名及爬城八卦會員四名[28]。福建沿
海州縣，結盟拜會的風氣，向來極為盛行，先後查獲烏白旗、
紅白旗、小刀會、千刀會等會黨。其中永春州屬上場堡、埔
頭鄉一帶，是小刀會聚居的地區，同治四年（1865）六月間，
小刀會聚眾搶毀永春釐局。上場堡顏姓、埔頭鄉林姓及西門
街李梓等，族大人多，亦隨同小刀會搶掠釐局[29]。

　　湖南桂陽州所屬地方，界連廣東，向多會黨。寧遠縣人
李春籠與張添一等結拜紅、白、黃三會，李春籠是黃會頭目，
平日在外扮作乞丐，到處邀人入會，至同治五年（1866），李

27　《軍機處檔·月摺包》，第 2742 箱，2 包，89147 號，同治二年
　　六月十六日，湖南巡撫毛鴻賓奏片。
28　《軍機處檔·月摺包》，第 2742 箱，28 包，97850 號，同治三年
　　六月二十六日，福建巡撫徐宗幹奏摺錄副。
29　《左文襄公全集》，奏稿，卷 15，頁 54。

春籠已邀得五百餘人。李春籠與盧明生等約定調齊碼子，計劃起事。因嘉禾縣城較小，兵勇不多，於十月二十三日夜三更時分，由南鄉梓木墟、塘村墟一帶潛至東門攻城[30]，因會黨人數少，寡不敵眾，起事失敗。

咸同年間以來，由於哥老會的盛行，更擴大了社會的動亂。關於哥老會的起源時間、地點及其名稱的由來，眾說紛紜。平山周著《中國秘密社會史》一書認為「哥老會或稱哥弟會，其成立在乾隆年間。同治時，平定粵匪以後，湘勇撤營，窮於衣食之途，從而組織各團體，於是哥老會始盛[31]。」哥老會的盛行，確實始自同治年間。但其成立在乾隆年間的說法，並未作任何論證，缺乏說服力。朱金甫撰〈清朝檔案中有關哥老會源流的史料〉一文認為「哥老會當然就是源出于天地會，由天地會而仁義會而江湖會到哥老會，這就是它的源流[32]。」川楚早期會黨是閩粵系統或天地會系統的派生現象，哥老會是川楚晚出的一個會黨，以天地會為"源"，而哥老會為"流"，是說得通的，廣義的天地會，可以包括哥老會。但是哥老會的組織及其特徵，與天地會等閩粵系統的各種會黨，不盡相同。由天地會而仁義會到哥老會一脈相承的發展，過於籠統。陶成章撰〈教會源流考〉一文謂「天國之命運日促，李秀成、李世賢等，知大仇未復，而大勢已去，甚為痛心疾首。逆知湘勇嗣後必見重於滿政府，日後能有左右中國

---

30 《月摺檔》，同治五年十二月初四日，湖南巡撫李瀚章奏摺。

31 平山周著，《中國秘密社會史》（臺北，古亭書屋，民國 64 年 8 月），頁 76。

32 朱金甫撰，〈清朝檔案中有關哥老會源流的史料〉，《故宮博物院院刊》，1979 年，第 2 期（北京，文物出版社，1979 年 5 月），頁 71。

之勢力者，必為湘勇無疑，於是乃隱遣福建、江西之洪門兄弟投降於湘軍，以引導之，復又避去三點、三合之名稱。因會黨首領有老大哥之別號，故遂易其名曰哥老會[33]。」湘勇是否見重於清廷？其勢力能否左右中國？都不可預測。李秀成等隱遣洪門兄弟降於湘軍的說法，純屬臆度，並無史實根據，不足徵信[34]。哥老會的得名，是否由老大哥易名而來，亦未加論證。

迪凡撰〈四川之哥老會〉一文認為哥老會是通江之名稱，其各地分會雖有不同，然必暗合"哥老"二字，或"洪"字的形義，以明系統。其在兩湖者稱為江湖會，"江湖"二字，取"洪"字之偏旁，"哥"字之"工"[35]。以拆字法來解釋江湖會名稱的由來，並不妥當。江湖會似因活躍於川楚間而得名，道光年間已破獲江湖會案件，哥老會名稱的正式出現，晚於江湖會，所謂江湖會為哥老會的分會，江湖會的命名暗合"哥老"或"洪"字形義的說法，都與史實不合。哥老會的得名，與"嘓嚕"有密切關係。乾隆初年，川陝總督慶復具奏時已指出「四川嘓嚕子多係福建、廣東、湖南、陝西等省流棍入川[36]。」四川巡撫紀山具奏時指出自乾隆八年（1743）到任以後即訪有嘓嚕棍徒，分別遞解回籍，惟其由來，實非一日[37]。嘓嚕又稱咽嚕

---

33 陶成章撰，〈教會源流考〉，見《近代秘密社會史料》，卷2，頁5。

34 戴玄之撰，〈天地會名稱的演變〉，《南洋大學學報》，第 4 期（新加坡，南洋大學，1970 年），頁 161。

35 迪凡撰，〈四川之哥老會〉，《四川文獻》，第 41 期（臺北，四川文獻編輯室，民國 55 年 1 月），頁 39。

36 《清高宗純皇帝實錄》，卷 251，頁 6，乾隆十年十月戊午，據軍機大臣奏。

37 《軍機處檔・月摺包》，第 2722 箱，13 包，1757 號，乾隆十二

子，是清朝前期閩粵等省流入四川的游民團體，乾隆年間，活躍於四川的嘓嚕才是哥老會的源頭。同治五年（1866）正月，羅惇衍具奏時已指出「各營勇紛紛拜會，名曰江附會，又一名幗老會，其匪首則稱為老帽，出入營盤，官不敢禁，致養癰貽患[38]。」江附會即江湖會，幗老即嘓嚕，幗老會即哥老會的同音異字。由此可知無論哥老是嘓嚕的同音字或音轉，哥老會是因嘓嚕而得名的說法，確實是值得重視的。"嘓嚕"與"哥老"發音相同，雖然不能說嘓嚕就是哥老會，但就探討哥老會名稱的由來而言，嘓嚕確實是源頭。

　　關於哥老會的起源時間及地點問題，同光年間的地方大吏就已經提出各種不同的看法。劉錚雲撰〈湘軍與哥老會——試析哥老會的起源問題〉一文曾歸納成三種不同的看法：第一種看法認為哥老會起自軍營，例如兩廣總督劉坤一、湖南巡撫王文韶、荊州將軍巴揚阿等人都持相同的看法；第二種看法認為哥老會起自軍營的散勇，例如湖廣總督李瀚章、張之洞等人都認為咸豐初年軍興以後各營遣撤的散勇，倡立了哥老會；第三種看法認為哥老會是起於四川省，例如湖南巡撫劉崑、湖廣總督郭柏蔭、陝甘總督左宗棠等人都持同樣的看法。劉錚雲指出，就哥老會與湘軍的關係看來，哥老會應如劉坤一等人所說的起自軍營中，並在軍中茁壯滋長。再就當時哥老會組織名稱演變的情形而論，劉崑等人所說的哥老會始於四川，實際指的是早期哥老會的組織乃倣自當時活躍於四川的嘓嚕與紅錢會等團體。哥老會的產生則是由於曾國

年十二月十八日，四川巡撫紀山奏摺錄副。
38　《清穆宗毅皇帝實錄》，卷 167，頁 28，同治五年正月己丑，據羅惇衍奏。

藩為了提高戰力，非但沒有禁止流行於湘軍中的異姓結拜，反而要利用結拜兄弟的關係組織"兄弟兵"。這些兄弟兵逐漸演變成湘軍中的互助組織，並進而傚效當時川湘一帶的會黨組織而有了江湖會、哥老會的名號[39]。劉錚雲分析同光年間有關哥老會起源的看法，提供了我們了解哥老會起源問題的線索。

　　光緒元年（1875），兩廣總督劉坤一具奏時指出「哥老會始於軍營[40]」。川陝總督左宗棠多次提及哥老會的起源問題，例如〈左文襄公全集〉奏稿卷三一謂「哥老會者本川黔舊有嘓嚕之別名也。」；同書書牘卷十一謂「哥老會匪本四川嘓嚕之變稱，始以結拜為同心。」；書牘卷二六謂「此種會匪名色即四川嘓嚕一種，因土俗口語而訛[41]。」比較左宗棠和劉坤一兩人的看法後，可知劉坤一所說哥老會起源於湘軍的軍營，是哥老會源流問題的"流"，而左宗棠所說哥老會本四川嘓嚕的別名或變種，因土俗口語而訛，則為哥老會源流問題的"源"。河南巡撫劉崐具摺奏稱：

> 數月以來，臣詳查卷宗，細加考究，哥弟會之起，始於四川，流於貴州，漸及於湖南，以迄於東南各省。向來會匪名目不一，如添弟、串子、紅教、黃教、白教、道教、佛教，及青龍、白虎等會，類皆踵白蓮之

39 劉錚雲撰，〈湘軍與哥老會——試析哥老會的起源問題〉，《近代中國區域史研究討論會論文集》（臺北，中央研究院近代史研究所，民國75年12月，頁392。

40 《劉忠誠公遺集》（臺北，文海出版社，民國55年），公牘，卷2，頁34。

41 《左文襄公全集》，奏稿，卷31，頁23；書牘，卷11，頁29；書牘，卷26，頁16。

餘習，託免劫以為詞，或合或分，忽散忽聚，其蓄謀
思逞，本不亞於廣西。自前撫臣張亮基奏明嚴行拏辦，
准令各州縣官便宜從事。今大學士兩江督臣曾國藩在
籍幫辦團練，聯絡眾志，紳民之氣始振，會匪之勢漸
衰。然潛謀聚眾之案，尚復無歲無之，軍興十餘年，
湖南兵勇遍布各省，其在營往往與同營同哨之人結為
弟兄，誓同生死，當時頗資其力，浸淫既久，一二狡
黠之徒因而煽結，於是哥弟會之黨以眾，而其勢亦遂
愈張。比年金陵克復，閩粵肅清，各營勇丁多半裁撤
回籍，獷悍之性，已屬難馴，若入會之人，更不能保
其無事，故東南之大局既定，而湖南之隱患方長[42]。

哥弟會即哥老會的別名，起於四川，流於湖南，平定太平軍
後，湖南等地的哥老會卻方興未艾，隱患方長。徐安琨著《哥
老會的起源及其發展》一書已指出，「哥老會的出現，是以嘓
嚕為最初的基本型態，其後吸收、融合了白蓮教和其他會黨
組織的某些特色，經過長期的演變過程，逐漸發展成為秘密
會黨的型態[43]。」從嘓嚕到哥老會，中經長期的演變，吸取了
許多要素。蔡少卿著《中國近代會黨史研究》一書亦指出，
嘓嚕出現在先，哥老會出現在後，可以確信，哥老會發源於
四川的嘓嚕會，是由嘓嚕會逐步演變而成的[44]。由嘓嚕演變而
來的哥老會，具備異姓結拜的共同要素，吸收了閩粵系統或
天地會系統的許多要素，但因其組織及特徵，與閩粵天地會

---

42 《月摺檔》，同治六年十月初七日，湖南巡撫劉崐奏摺。
43 徐安琨著，《哥老會的起源及其發展》（臺北，臺灣省立博物館，
民國78年4月），頁24。
44 蔡少卿著，《中國近代會黨史研究》（北京，中華書局，1989年8
月），頁207。

系統不盡相同，似可將江湖會、哥老會、哥弟會等會黨稱之
為川楚系統或哥老會系統。

　　在現存文獻中，哥老會的名稱最早見於湘軍營中。咸豐
九年（1859），歲次己未，曾國藩改訂湘軍營規。《曾文正公
全集》詳載營規條文，其中有一條記載如下：

> 禁止結盟拜會，兵勇結盟拜會鼓眾挾制者嚴究，結拜
> 哥老會傳習邪教者斬[45]。

　　哥老會名稱出現以後，為各地普遍使用，哥老會勢力日
益茁壯，蔓延迅速，攻城掠地，隱患日深。湖南新化縣屬帽
子坡地方，與邵陽、漵浦兩縣犬牙交錯，是同治初年哥老會
的活動地區。同治二年（1863）五月初一日夜間，哥老會突
至邵陽縣屬小沙江地方，逼令居民遷徙他處，強留穀米。次
日，哥老會自漵浦武岡絡繹而來，豎立紅白旗幟，其首領為
唐老九，為會中大王。五月初三日，分二股進兵，眾至數千
人。湖南巡撫毛鴻賓具摺指出「帽子坡大股雖已撲滅，而悍
黨之潛遁及餘匪之伏匿鄉村者均尚不少，非搜捕淨盡，即不
免死灰復燃之患。訪察其中，多有田興恕軍營革退及潰逃之
勇，倡立哥老會，與黔匪互通聲息[46]。」

　　同治四年（1865）五月間，安徽徽州府休寧縣各營，相
繼鬧餉譁變，毆傷道員。兩江總督曾國藩指出，「近年江湖有
哥老會者，黨羽最眾，徽休譁餉之勇，多係入會之匪，或聞
風潛匿，或預先離營。」又說「湘勇素講紀律，此次所以忽
不畏法，則皆由於哥老會從中煽亂。有都司龍家壽者為哥老

45　《曾文正公全集》（臺北，文海出版社，民國63年），雜著，卷2，
　　頁43。
46　《軍機處檔・月摺包》，第3742箱，2包，89146號，同治二年
　　六月十六日，湖南巡撫毛鴻賓奏摺。

會巨魁，刻錢塗硃，以為符信，聚眾斂費，謂之放票。當其
鬧餉之際，龍家壽私造令箭、令旗，鳴鑼傳令，大張條示，
其黨奉命惟謹[47]。」

　　哥老會充斥於各營，將弁往往充當會首。同治五年（1866）
正月間，各省官軍會集廣東嘉應州，哥老會亦假冒官軍潛至
嘉應。是年春間，在湖北被裁汰的藍翎都司銜守備沈滄海竟
潛至福建汀州府境內結交哥老會，乘營勇遣撤時，煽惑軍士
不繳軍器[48]。左宗棠具摺指出軍興以來，各省軍營所保武職，
無慮數十萬員，其中有打仗驍勇，積功已洊保至二、三品，
而性情粗獷不知禮義，其才僅止充當勇丁者，各營因其技勇
可取，不能不予以收錄，仍編入行伍中，但因其已保至武職
大員，不甘充當散勇，常懷觖望，一被糾邀，即起異心，加
入江湖會或哥老會。左宗棠原奏中有一段話說：「近年哥老會
匪涵濡卵育，蠢蠢欲動，江楚黔蜀各省所在皆有。其由會中
分股聚徒者謂之開山，誘人入會者謂之放飄，凡官軍駐紮處
所，潛隨煽結，陝甘兩省游勇成群，此風尤熾[49]。」放飄即放
票，聚眾斂錢，誘人入會，分股聚徒，輾轉糾邀，枝幹互生，
開山放飄，哥老會遂滋蔓難圖。例如游勇遊擊馬幅喜，綽號
蒼蠅子，原來就是四川哥老會成員，因川中捕急，逃至陝西，
溷跡湘果營中，經營官查覺，馬幅喜又逃至鄜州張村驛。該
營副將楊明貴、千總唐思幅等人也是哥老會成員，馬幅喜即
與楊明貴等人誘結營勇，放飄做會。蕭保和曾在楚軍新左營
充當親兵什長，保舉花翎遊擊，加入哥老會後潛至福建建寧

---

47 《月摺檔》，同治四年十二月初一日，兩江總督曾國藩奏摺。
48 《左文襄公全集》，奏稿，卷 17，頁 64。
49 《月摺檔》，同治六年九月初二日，左宗棠奏片。

府一帶，率領散勇伺搶行旅。蕭保和被捕後，在身上搜出結
拜哥老會旗簿及五鳳山長清會歌訣[50]。同治六年（1867）四月
二十七日夜間，湖南湘鄉縣十九都毛田等處哥老會首領曾廣
大率領數十人突入紳士謝徵岳家中，脅令充當會首。謝徵岳
不從，被迫投水。旋有哥老會黨五、六百人將謝徵岳房屋焚
燬，連燒數十家，然後赴觀音山水月庵齊集起事[51]。廣西道監
察御史李德源具摺奏稱，「兩湖地方有哥老會之日，皆係散勇
為之，自數十百人以至數千萬人，愈集愈多，地方官兵單力
薄，無法禁止[52]。」哥老會或哥弟會聲勢浩大，可想而知。哥
老會初起時，各股不過百數十人，常於四、五月間正值青黃
不接米價昂貴之際，或逢水災飢民乏食之時，以劫富濟貧為
名，糾集黨眾，乘機起事。

　　同治八年（1869）初，湖南水災地區較廣。入春以後，
米價昂貴，江湖會總堂老帽賴榮甫即二蒙花，見貧民覓食艱
難，易於號召，遂於二月初八日密邀張玉林等至家商議起事。
賴榮甫自封公爵，並封張玉林為侯爵，康學池為伯爵，胡桂
一為子爵，周侖奐為男爵，胡就文為神機軍師。二月十二日
夜，賴榮甫率眾前往寧家山祭旗起事，分為五隊，每隊約八、
九十人，均以紅布裹頭，間用硃墨塗臉。賴榮甫等自戴全紅
風帽，騎馬率眾，由寧家山至田心廟，沿途裹脅貧民，號稱
二、三千，至紳民胡暉家放火燒屋後，分股縱火擄人，計劃
逕撲縣城，直下湘潭，進薄省城[53]。署理湖廣總督湖北巡撫郭

50　《月摺檔》，同治七年八月初一日，英桂等奏片。
51　《月摺檔》，同治六年六月初一日，湖南巡撫劉坤一奏摺。
52　《月摺檔》，同治八年九月初六日，廣西道監察御史李德源奏
　　摺。
53　《軍機處檔‧月摺包》，第 2766 箱，38 包，100948 號，同治九

柏蔭具摺時指出，「竊查江湖會匪從前惟川黔兩省為多，軍興以來，間有投效入營者，轉相勾煽，遂至蔓延[54]。」江湖會先在川黔等地盛行，軍興以後，江湖會成員亦投效入營，江湖會遂於湘軍營中日益蔓延。其中蕭朝羲即蕭朝舉是湖北早期江湖會首領之一，立有蓬萊、天台等山名，設有老帽、陪堂、紅旗等項職稱，蕭朝羲自稱大老帽，總理山堂事務。江湖會在沿江偏僻地方，到處肆掠，造成嚴重的社會問題。散兵游勇，蔓延日廣，山東、河南、直隸等省聚眾搶劫案件，層見疊出，同治八年（1869），清廷頒降諭旨，飭令山東、河南、直隸等省將夥劫等案，仍照就地正法章程辦理。

同治九年（1870），入夏以後，米價日昂，貧民糴食益艱，散兵游勇藉故禁穀出境，到處攔搶，各地會黨乘機滋事。湖北施南府屬宣恩縣，地處偏僻，接壤川湘。是年七月間，四川彭水縣人哥弟會首領楊竹客即楊玉春潛入宣恩縣境內招人入會，在貓兒洞、穿洞河一帶率眾訛索富戶錢米，因知縣訪聞查拏，楊竹客即於七月十六日聚眾祭旗起事，楊竹客自稱忠義王，封夏葛彥為二王，郎先詳為左相，楊先春為右相。楊竹客等率領哥弟會大隊前往板栗園地方，沿途燒搶，計劃攻撲宣恩縣城，除湖北外，湖南湘鄉縣有哥老會聚眾數千人攻撲縣城，瀏陽縣哥老會焚署劫獄等案。是年八月，湖廣總督李瀚章奏報辦理楊竹客哥弟會一案時認為，「施郡距省窵遠，所獲各犯，若提省審辦，不特有需時日，至稽顯戮，抑且長途跋涉，或恐疏虞[55]。」因此，李瀚章即批飭施南府趕緊

年四月十九日，湖南巡撫劉崑奏摺錄副。

54 《月摺檔》，同治七年五月十六日，署理湖廣總督湖北巡撫郭柏蔭等奏摺。

55 《軍機處檔‧月摺包》，第 2766 箱，45 包，102811 號，同治九

提取楊竹客等要犯訊明後就地分別正法梟示。九月初二日，湖南湘潭縣屬朱亭地方，哥老會製旗起事，戕殺清吏，焚燒縣丞衙署，連克淦田、黃茅、山門、淥口、朱洲、劍陵等地，並佔領湘潭、湘鄉、攸縣及衡山交界的鳳凰山、蓮花寨，作為大本營，江西萍鄉、萬載等縣因之震動[56]。湖南巡撫劉崑具摺指出，「會匪多軍營當勇之人，獷悍性成，時而相聚謀亂，無論何地，不需多日，數十百人即可猝然起事[57]。」是年閏十月，河南道監察御史張景青為解散會黨奏請將東南各省搶劫各案變通辦理，其原奏略謂：「今東南各省會匪、游勇未淨，正與直隸等省情形相同，擬請嗣後東南各省遇有會匪、土匪、游勇搶劫之案，但係明火執杖者，一經獲犯，亦照直隸等省辦理，則因時制宜，匪黨可期斂跡矣[58]。」伏莽日多，亂幾久動。清軍平定太平軍多年，各省仍然照就地正法章程辦理會黨案件，充分反映會黨活動的頻繁，及其對社會造成侵蝕作用的日趨嚴重。

張大源即張淙源，原籍湖南，曾投營充勇，因誤事被革退，投入張啟源會內，後來又起意商同哨弁曾廣幅等結拜哥老會。同治九年（1870）八月間，張大源與曾作華等東渡臺灣糾人起事。張鳳翿向在河南軍營當勇，遣散回籍後，創立大明山哥老會，自稱大老哥，在湖北孝感縣等地邀人入會。

年八月十七日，湖廣總督李瀚章奏摺錄副。

56 《軍機處檔・月摺包》，第 2766 箱，49 包，103590 號，同治九年十月初六日，江西巡撫劉坤一奏摺錄副。

57 《軍機處檔・月摺包》，第 2766 箱，50 包，103892 號，同治九年閏十月初八日，湖南巡撫劉崑奏片錄副。

58 《軍機處檔・月摺包》，第 2766 箱，51 包，104115 號，同治九年閏十月十八日，河南道監察御史張景青奏摺。

同治十年（1871）二月間，湖南益陽縣拏獲哥老會頭目梁義勝，搜出太極圖令字木戳及順天山洗平堂仁義香來江水標布十二塊。在龍陽縣拏獲頭目田勝湖，搜出五台山忠義堂長情香平安水標布多張。因首夥多人被拏，是年四月，哥老會即在龍陽、益陽、安化三縣交界的地方聚眾起事。四月十二日，攻破益陽縣城。十六日，攻陷龍陽縣城，進逼常德府城[59]。哥老會隨地放飄，分立山堂及香水等名目，分股糾眾，以致蔓延益廣，徒黨日滋。

　　湖南臨湘縣境內的藥姑山，袤延百餘里，與巴陵及湖北蒲圻、通城、崇陽等縣接壤，林深箐密。同治十二年（1873）七月間，哥老會在藥姑山起事，首領為傅春淋等人，先年曾在各路軍營當勇，加入哥老會，嗣因遣撤回籍，起意糾人拜會，製備旗幟，刊刻木質號片圖記。七月二十七日夜間，傅春淋等在藥姑山聚眾起事，先後在傅家沖、蔴步場一帶搶劫[60]。湖北鄖西縣與陝西白河縣交界的盧寨保鐵廠地方，也破獲江湖會，其首領劉榮先是已革武生，同治十三年（1874）三月十二日，劉榮先與曾光珠等聚眾拜會，約期起事[61]。同年四月間，湖北廣濟縣人周玉獻在外行醫，教打拳棍，在江西鄱陽借住王勝揚家，結盟拜會，取會名為太平天順，簡稱天順會，共推王勝揚為首，先後糾邀一千人，約期七月二十二日起事，計劃進攻饒州府城[62]。就同治年間而言，是以川楚系統或哥老會系統的會

59　《月摺檔》，同治十年五月初三日，湖北巡撫郭柏蔭奏摺。

60　《軍機處檔・月摺包》，第 2745 箱，81 包，111525 號，同治十二年八月二十八日，湖南巡撫王文韶奏摺錄副。

61　《月摺檔》，同治十三年五月二十日，湖廣總督李瀚章奏摺。

62　《軍機處檔・月摺包》，第 2745 箱，109 包，117605 號，同治十三年十一月初一日，江西巡撫劉坤一奏摺錄副。

黨活動最為頻繁。太平天國覆亡後，各省奉旨裁撤湖南鄉勇，散兵游勇所至，結盟拜會，一呼百應，千百成群，遂成燎原之勢。為嚴辦會黨，一經獲犯，即就地正法。給事中王憲成、陞任司業孫詒經、侍郎鮑源深、夏同善先後奏請停止就地正法章程，但刑部議覆須俟數年後察看情形，再奏明辦理。就地正法章程，起自咸豐三年（1853），因當時土匪成群，肆行搶劫，為權濟一時，暫准按照就地正法章程辦理。軍務肅清後，哥老會到處開堂放飄，燒殺搶劫，攻城掠地，所以仍難恢復舊制。同治十三年（1874），御史鄧慶麟又奏請飭令軍務肅清省分，停止就地正法章程。但各省大吏覆奏時，都表示礙難停止。閩粵系統的各種會黨，多強調內部的互助，多為自力救濟組織。哥老會系統的會黨，其成員多為散兵游勇，到處劫掠，明火執杖，對社會造成更大的侵蝕作用，就地正法章程就是將會黨視同土匪盜劫案件辦理，從重量刑，但是並未達到社會控制的效果，光緒年間，哥老會更加盛行。

　　大致而言，湖南、湖北、江西、安徽、江蘇、浙江、四川、貴州等省是哥老會較盛行的地區，也是天地會系統及哥老會系統會黨重疊的地區，各種會黨活動都很頻繁。其次，福建因鄰近江西，廣西則與湖南接壤，哥老會案件，亦屢有破獲，但廣東、雲南地區，哥老會案件卻較罕見。至於陝西、甘肅、河南、直隸等省，哥老會的活動，亦頗活躍，而天地會系統的會黨案件，則屬罕見。哥老會的分佈，與哥老會的起源及湘軍的用兵、裁撤，都有密切的關係。天地會系統的會黨，其分佈情形，與閩粵等省的人口流動方向，有密切的關係。湘軍各營將弁勇丁被革退後的散兵游勇，或向原籍回流，或浪跡江湖，也成為流動人口。由於人口流動的頻繁，

哥老會系統及天地會系統的各種會黨，都隨著流動人口的流動而突破地域限制。

由哥老會系統的各種會黨分化出來的山堂，到處林立，盤根錯節，會中有會，更增加了官方取締的困難。天地會系統的會黨成員，在清朝前期，多以兄弟相稱，會首稱為大哥，其餘有二哥、三哥，或尾弟、尾二等，名稱簡單。清朝後期，其內部組織，頗多變化，有紅棍、白扇、鐵板等名目。兩廣總督兼廣東巡撫袁樹勛具奏時指出：

> 粵東會匪，向止三點會，係洪逆亂平之後，其遺黨暗用洪字偏旁，互相勾結，蹤跡甚為詭秘。近年此風日熾，膽敢設立堂名，分派頭目，到處糾邀，不從者肆行逼脅，開台拜會，夜聚曉散，習以為常。為首坐台者，曰東主，曰老母；轉糾夥黨者，曰保母，曰保舅；贊助謀畫者，曰白扇；供奔走者，曰鐵棍，曰草鞋；其資格較深者，曰金花，曰雙金花，名目不一。大抵初則惑眾斂錢，繼則糾黨搶劫，劫財不足，復擄人勒贖。計一省之中，勾結日廣，幾於無處蔑有，而以惠、潮、高、廉各屬為最多。近來附省之順德、東莞、新會等縣，亦蔓延遍地。此外，有小刀會、劍仔會諸名目，皆與三點會聯成一氣。小刀會係各攜一小刀以為記號，十餘年前，惟惠、潮等府有之，劍仔會係以東洋小劍為記，於近數年始行發見[63]。

除白扇、鐵棍外，還有紅棍、鐵板等名目。例如江西龍南縣人吳盛發加入三點會後，被封為紅棍，袁連珍被封為白扇，

---

63 《軍機處奏摺錄副》，第 661 卷，第 2 號，宣統二年五月初二日，兩廣總督兼廣東巡撫袁樹勛奏片。

黃月譜等人被封為四糾，劉德華被封為鐵板[64]。除了三點會、三合會、小刀會外，也出現了劍仔會。四川地區的會黨，也是名目繁多。四川職員王朝鈇具稟時亦云：

> 四川會黨之風，甲於天下，而拉楂搶劫之匪，即出於會黨之中。一朝犯案，懸賞通緝，又恃有當公之會黨包庇調停，羽翼遍川，實難懲治。擒其渠者，而小者又大，犁木未壞，彎樹重生，誅不勝誅，良可浩歎。查川省會黨以西南為最，東北次之，各屬鄉場市鎮，均有西會、成會、四義會、大義會、少英會等名目，各有碼頭，各有公口名片，大小圖章，其掌管者為坐堂大爺。每一碼頭有五牌管事三四名、七八名不等，專司公項錢財，迎送賓客各事[65]。

四川地區除哥老會外，還有西會、成會、四義會、大義會、少英會等，名目繁多。

　　光緒七年（1881）七月，御史胡隆洵以軍務肅清已久，奏請將會盜案件仍照舊例辦理。但各省覆奏時，均稱就地正法章程，礙難停止。例如湖南、湖北覆稱，遣散勇丁，搶劫為生，刀痞哥會，層見迭出。安徽覆稱，散勇紛至沓來，哥會齋教，靡地蔑有。廣東覆稱，結黨拜會，任意橫行。廣西覆稱，肇亂地區，獷悍成風。四川覆稱，會黨梟匪，實繁有徒，游勇散練，動多勾聚。散兵游勇，成為哥老會的主要來源，加入哥老會，倡立山堂，成為散兵游勇的社會適應模式。

---

64 《辛亥革命前十年間民變檔案史料》（北京，中華書局，1985 年 2 月），上冊，頁 324。光緒三十三年五月二十日，江西巡撫瑞良奏摺錄副。

65 《辛亥革命前十年間民變檔案史料》，下冊，頁 793。宣統元年十二月十九日，王朝鈇稟文。

光緒八年（1882）正月，貴州巡撫林肇元具摺指陳哥老會的隱患，遠過於外患，其原摺略謂：

> 竊惟現在天下之大患，一為各國外夷，一為哥弟會匪。外夷之患，顯而共見，既設海防以禦之矣；會匪之患，隱而漸彰，其根頗深，其蔓甚遠，不思所以弭之，其患恐更切於外夷。臣謹舉其略為我聖主陳之，從來奸宄竊發，莫不詭託主名，行其詐術，以為煽惑人心，糾結黨羽之具。往代無論矣，洪逆秀全結上帝之會，為滔天之逆，其已事也。乃洪逆方平，而哥弟會又起，創為堂名，造發號片，結數十百人，或數百人為一會，稱其首為坐堂大爺，別其稱為老冒。又連數會或十數會之黨群，尊一首為總老冒。其結會之所，或深山古寺，或僻人居，入會者歃血羅拜，屠牛飲酒，人領一號片而去，亦有先發號片，名為放飄，收集人數而後聚，而為會者，每一會必立盟單，載名氏於其上，弁以悖亂之言，納之於老冒，堂名不一，而所謂口號堂語，則無遠近或異也。其始一二獷賊倡之，無業之游民，撤營之游勇從之，繼遂轉相煽惑，或肆行劫制，則守地方之練營，保身家之百姓亦從之，甚且豪紳武夫，入歧途而不悔，圖擁眾以為雄，則薦紳之家亦為之。其聲息潛通，氣勢連結，達之數百里，數千里而無闋也。其彼此傳書，速於官家之置郵；其彼此相顧，甚於父子之同命。臣初從軍，由湘而鄂，尚未聞此，由鄂而川，則確見此，繼而入黔，黔染川習，亦復有此。昔歲入都，來往於兩湖、江西，大江南北，所至察其風土，而又知此習之無地不有，而大省為尤盛，

推之西北各省，恐亦在所不免，其聲息氣勢，較洪逆
秀全之上帝會尤遠且闊也。奸民伏亂，一至如此，萬
一有稍雄桀者，出而號召，其間遠近響應，禍起蕭牆，
猝然而莫之備，事變之發於內地，視禦外夷為尤急矣！
夫亦安知不糾約外夷而為內外交攻之計耶？而況各省
會匪，或起或滅之案，已防不勝防[66]。

各省會黨為患，由隱而漸彰，終於顯而共見，就地正法章程，
確難停止。光緒八年（1882）二月，御史陳啓泰又奏陳各省
覆奏就地正法章程，皆以勢難停止為辭，遷就新章，流弊滋
多，一案既出，但憑州縣稟報，督撫即批飭正法，其中以假
作眞，移甲作乙，改輕為重，皆所不免，覆盆之枉，昭雪無
從。因此，奏請先行停止就地正法章程，仍照舊例解勘，分
別題奏。旋經刑部議定章程，其要點如下：

> 除甘肅省現有軍務，廣西為昔年肇亂之區，且勦辦越
> 南土匪，以及各省實係土匪、馬賊、會匪、游勇案情
> 重大，並形同叛逆之犯，均暫准就地正法，仍隨時具
> 奏，備錄供招咨部查核外，其餘尋常盜案，現已解勘
> 具題者，仍令照例解勘，未經奏明解勘者，統予限一
> 年，一律規復舊例辦理。倘實係距省窵遠地方，長途
> 恐有疏虞，亦可酌照秋審事例，將人犯解赴該管巡道
> 訊明，詳由督撫分別題奏，不准援就地正法章程先行
> 處決，以重憲典而免冤濫[67]。

刑部奏定章程內仍有各省會黨暫准就地正法的條文，各省拏

66　《軍機處檔・月摺包》，第 2735 箱，9 包，121135 號，光緒八年
　　正月二十一日，貴州巡撫林肇元奏摺。
67　《光緒朝東華錄》（三），頁 1292，光緒八年四月丁巳，據刑部
　　奏。

獲會黨遂多援引刑部奏定章程就地正法。

　　各省會黨蔓延既廣，為有效的取締會黨，消弭盜匪，地方大吏多主張將會黨與盜匪分開辦理，以防範會盜結合。兩江總督曾國藩主張不問會與不會，但問匪與不匪。曾國藩明知無會而不匪，但因黨夥既眾，為安反側，不得不將尚未為盜匪的會黨從會匪中分化出來，採取嚴辦會匪而姑寬會黨的權宜之計。王家璧在左宗棠營中時，亦曾談及解散會黨一事。王家璧亦認為「但當察其匪不匪，不必究其會不會。為匪而不在會，於法必誅，在會而不為匪，雖實不坐。如此辦理，則有罪者誅，無辜獲免，非但用法當平，亦可陰散其黨。若一概疾之已甚，彼則懼而協以謀我，殆猶治絲而棼之也[68]。」但因會盜結合，設官分職，攻城掠地，而造成嚴重的社會侵蝕。光緒十七年（1891）六月初六日，清廷以各省哥老會行蹤詭秘，往往與游勇地痞暗相勾結，動輒糾集黨羽，乘機起事，江蘇、安徽、湖北、江西等省，屢有焚燬教堂事件，深恐涓涓不息，將成江河。因此，由軍機處寄信各省督撫嚴飭地方文武，隨時留心，實力查緝，嚴懲首要，解散脅從。湖廣總督張之洞奉到〈寄信上諭〉後，即札飭署按察使惲祖翼詳繹例意，參考成案，妥擬懲辦章程。惲祖翼所擬章程內容如下：

> 鄂省為南北衝要，游匪素多，往來無定，最易潛匿，會匪幾至無地無之，始則長江上下游一帶，隨處皆有，根株盤結，消息靈通。該匪等開立山堂，散放飄布，分授偽職偽號，往往與教匪游勇地痞暗相勾結，乘機煽亂，各屬所獲會匪各案，起到飄布印章板片及所訊

68　《月摺檔》，光緒三年二月初六日，王家璧奏片。

名目口號，詞意悖逆，顯然謀為不軌。上年沿江一帶
會匪，蓄謀滋事，動成巨案。若非先事捕其渠魁，散
其夥黨，誠如聖諭所云，養癰貽患，必致有關大局，
亟應明定章程，從嚴懲辦，以遏亂萌。擬請嗣後責成
州縣，隨時訪查，如有會匪濶跡境內，立即會督營汛
嚴密挐獲，悉心研審，如係會匪首開堂放飄者，及領
受飄布，輾轉糾夥，散放多人者，或在會中名目較大，
充當元帥、軍師、坐堂、陪堂、刑堂、禮堂等名目者，
與入會之後雖未放飄輾轉糾人而有夥同搶劫情事者，
及勾結教匪煽惑擾害者，一經審實，即開錄詳細供摺，
照章稟請復訊，就地正法，此外如有雖經入會，並非
頭目，情罪稍輕之犯，或酌定年限監禁，或在籍鎖帶
鐵桿石墩數年，俟限滿後查看是否安靜守法，能否改
過自新，分別辦理。其無知鄉民被誘被脅，誤受匪徒
飄布，希冀保全身家，並非甘心從逆之人，如能悔罪
自首呈繳飄布者，一概寬免究治。其有向充會匪，自
行投首，密報匪首姓名，因而挐獲，亦一律宥其既往，
准予自新。若投首後又能作線引挐首要各犯到案究
辦，除免罪之外，仍由該地方官酌量給賞，總期嚴懲
首要，解散脅從，以除奸宄而安善良。地方文武員弁，
能挐獲會匪著名首要，審實懲辦，即將尤為出力員弁
核其情節，照異常勞績隨案請給優獎，如有希圖保獎，
妄挐無辜，或姑息徇縱，不挐不辦，以及曲為開脫，
一經查出，即行嚴參。如此明定章程，各州縣有所遵
循，自必隨時留心，實力查緝，不敢輕縱玩忽，該匪

黨亦各知所儆懼，地方可期安謐[69]。

前引章程內明白標出會黨首領，舉凡元帥、軍師、坐堂、陪堂、刑堂、禮堂等較大頭目，以及會中成員輾轉糾人入會而有夥同搶劫情事者審實後就地正法的條文。湖廣總督張之洞指出光緒八年（1882），刑部奏定通行章程，各省會黨本有就地正法的條文，無如州縣狃於積習，毫無遠慮，往往牽引異姓結拜弟兄舊例，曲為開脫，以致「伏莽日滋，浸成巨患[70]。」近年以來，會黨日熾，沿江沿海為尤甚，滋蔓愈廣，蓄謀愈險，若不及早懲過，將來終恐為大局之憂。因此，張之洞將湖北所議章程奏明通行各屬，俾有遵守。薛福成具奏時也指出湖南營勇，旋募旋撤，不下數十萬人，以致湖南哥老會尤為盛行，恃眾滋事，焚燬教堂，逞一時之意，國家卻受無窮之累，「其情甚為可惡，其案較為難辦[71]。」遣撤散勇，散則為民，聚則為盜，開山立堂，散放票布，數十百人，明目張膽，執械持槍，肆行搶劫，以致明火案件，層見迭出，無縣無之。光緒十八年（1892）十一月，刑部議覆時，亦以各省會黨「時有蠢動」，若不從嚴懲治，將來必致滋蔓難圖。湖北省既經分別輕重酌議章程，其他各省亦應照辦，以昭畫一。刑部具奏後，奉旨「如所議行」。刑部即行文湖廣總督、湖北巡撫及各直省督撫、將軍、都統、府尹、一體遵辦[72]。各省奉到刑部行文後，俱遵照通行章程辦理，但哥老會起事案件，

69　《張文襄公全集》（臺北，文海出版社，民國 59 年 1 月），卷 32，奏議，頁 28。

70　《張文襄公全集》，卷 32，奏議，頁 30。

71　《月摺檔》，光緒十七年九月二十七日，薛福成奏片。

72　《光緒朝東華錄》（六），頁 3161，光緒十八年十一月壬寅，據刑部奏。

仍然層出不窮。戊戌政變後，湖南瀏陽人唐才常在上海成立
自立會，以哥老會為主力，組織自立軍，並倣照哥老會散放
票布的辦法，散發富有票。光緒二十六年（1900），拳變發生
後，保皇派積極聯絡哥老會。是年七月十五日，自立軍在安
徽大通舉事，結果雖然失敗，但是哥老會的勢力，仍舊方興
未艾。各省為消弭隱患，對會黨案件，都從嚴辦理，遵照通
行章程，要犯均就地正法。例如光緒三十年（1904）四月江
西省拏獲哥老會要犯黃祺、周標、何壽等三名，署理江西巡
撫夏峕懲辦黃祺等人所援引的章程如下：

> 查光緒十八年通行章程內開，拿獲會匪如訊係為首開
> 堂放飄者，或在會中名目較大，一經審實就地正法，
> 傳首示眾。如雖經入會，並非頭目，情罪稍輕之犯，
> 或酌定年限監禁等語[73]。

湖北所議章程，經刑部議准後，成為直省適用的通行章
程，引文內容，就是摘錄光緒十八年（1892）刑部議准通行
章程的要點。署理江西巡撫夏峕根據通行章程作成了判決，
黃祺、周標因係會黨頭目，歷年開堂放飄糾黨入會，並受要
職、印信，近年又互相勾結，潛圖不軌，「逆跡昭彰」，即於
光緒三十年（1904）四月十八日將黃祺、周標二人綁赴市曹
斬決梟示。何壽被誘入會，得受憑據、職任，甫經半月，尚
未輾轉糾人，情罪稍輕，即照章監禁五年。

　　清朝末年，實行新政，律例方面，頗多修訂。光緒三十
一年（1905）三月，修訂法律大臣伍廷芳、沈家本等具摺奏
請考訂法律，先將律例內重刑變通酌改。三月二十日，內閣
奉上諭云：

73　《辛亥革命前十年間民變檔案史料》，上冊，頁292。

我朝入關之初，立刑以斬罪為極重。順治年間，修訂
律例，沿用前明舊制，始有凌遲等極刑，雖以懲儆兇
頑，究非國家法外施仁之本意。現在改定法律，嗣後
凡死罪至斬決而止，凌遲及梟首、戮屍三項，著即永
遠刪除。所有現行律例內凌遲、斬梟各條，俱改為斬
決。其斬決各條，俱改為絞決。絞決各條，俱改為絞
監候入於秋審情實。斬監候各條，俱改為絞監候，與
絞候人犯仍入於秋審，分別實緩辦理。至緣坐各條，
除知情者仍治罪外，餘著悉予寬免。其刺字等項，亦
著概行革除，此外當因當革，應行變通之處，均著該
侍郎等，悉心甄採，從速纂訂，請旨頒行，務期酌法
準情，折衷至當，用副朝廷明刑弼之至意，將此通諭
知之[74]。

光緒十八年（1892）十一月，刑部議准的通行章程，成
為現行律例，明白規定拏獲會首或較大頭目就地正法後，還
要將其首級在犯事地方懸掛梟示，傳首示眾。光緒三十一年
（1905）三月二十日，諭內閣將斬梟改為斬決，梟首著永遠
刪除，因此，現行律例內斬梟各條，俱改為斬決，但仍保留
就地正法條例。光緒三十二年（1906）二月，江西巡撫胡廷
幹辦理三點會頭目陳己官等人一案所援引的條例如下：

查光緒十八年，奉准刑部奏定通行章程，內開：嗣後
拏獲會匪，如訊係為首開堂放飄，及領受飄布，輾轉
糾伙，散放多人，或在會中名目較大，充當元帥、軍
師、坐堂、陪堂、刑堂、禮堂等名目，與入會之後，

74　《清德宗憲皇帝實錄》，卷 543，頁 13，光緒三十一年三月癸巳，
　　內閣奉上諭。

　　雖未放飄轉糾人，而有夥同搶劫情事，一經審實，即
開錄詳細供摺，照章稟請覆訊，就地正法，傳首犯事
地方，懸竿示眾。此外如有雖經入會，並非頭目，情
罪稍輕之犯，或酌定年限監禁等語。又光緒三十一年
三月二十日，內閣奉上諭：梟首著永遠刪除，現行律
例內斬梟各條，俱改為斬決等因，欽遵在案[75]。

　　江西巡撫胡廷幹援引通行章程，並遵照內閣奉上諭，以
陳己官係三點會頭目，輾轉糾人，陳北石、聶其珍、周二生、
劉長毛四犯，係充當三點會鐵板，與坐堂名異實同，又復糾
夥搶劫多次。鄧矮古、吳毛俚、李癸狗等三犯，迭次夥同搶
劫，均屬罪大惡極，與正法例章相符，胡廷幹於核明後，除
首犯陳己官業已投河身死不議外，即批飭將陳北石等七犯照
章就地正法，仍遵新章，免其傳首示眾。

四、《大清現行刑律》的頒布

　　宣統二年（1910）刊印的《大清現行刑律》，其中關於會
黨就地正法一節，與光緒十八年（1892）刑部議覆湖廣總督
張之洞新定章程詞句近似，經修改後增入《大清現行刑律》。
張之洞原奏是針對湖北省會黨就地正法而擬定的章程，刑部
奏准後通飭各省一體照辦，遂成為全國各省適用的現行刑
律。自從會黨案件就地正法新定章程通行後，各省已不再援
引取締異姓結拜弟兄條例辦理，各省拏獲會黨要犯即按照新
定通行章程或《大清現行刑律》就地正法，這是清朝律例發
展中的重大改變，嗣後會黨成員被就地正法的人數越來越
多。據兩廣總督岑春煊奏報自光緒二十九年（1903）至光緒

75　《辛亥革命前十年間民變檔案史料》，上冊，頁297。

三十二年（1906）四年內，廣東各屬就地正法會盜土匪人數計：廣州府屬共二千九百餘名，南雄等府屬共一百六十餘名，惠州、潮州、嘉應三屬共一千四百餘名，肇、陽、羅、高、廉、欽六屬共五千四百五十餘名，通省各屬合計共九千九百餘名，其中多為拜會首要[76]。廣西各屬所辦人數亦極眾多，其中光緒三十一年（1905），計四千二百餘名，光緒三十二年（1906），計二千七百餘名。兩廣總督張人駿具摺時指出有人奏每年廣西各屬稟報正法人數「恆二、三萬」，其未稟報者不知若干[77]。其奏報人數，或屬傳聞之詞，亦可見被正法人數的眾多。國立故宮博物院現存《廣西各府廳州縣辦匪表冊》，共三函，計十冊，其中光緒三十三年（1907）含三、四、五、六、十、十一、十二等月分，光緒三十四年（1908）含七、八、九等月分，每月一冊，其被正法及格斃人犯，可列簡表如下。

表1：廣西各府廳州縣劫擄拜會就地正法人犯統計表

劫擄拜會地區＼年月人犯人犯	光緒三十三年								光緒三十四年			
	三月	四月	五月	六月	十月	十一月	十二月	合計	七月	八月	九月	合計
桂林府									1			1
中渡廳			1				2	3	1			1
興安縣				2				2				

---

76 《辛亥革命前十年間民變檔案史料》，下冊，頁453。
77 《辛亥革命前十年間民變檔案史料》下冊，頁617。

劫拜會地區＼攜人犯＼年月人犯	光緒三十三年								光緒三十四年			
	三月	四月	五月	六月	十月	十一月	十二月	合計	七月	八月	九月	合計
永福縣						1	2	3		1		1
灌陽縣						3		3				
平樂府									5	2	7	14
平樂縣				5			1	6				
		1						1				
永安州	9		64	14				87				
										1		1
恭城縣							2	2				
富川縣		3						3				
賀縣	15					4	1	20				
											2	2
荔浦縣	1			1				2				
昭平縣	4	2	9				8	23				
		4			2			6	2			2
修仁縣		2						2				
							2	2				
信都縣				2			4	6				
										1		1
梧州府	2	4		1				7	3	1	4	8
	17						1	18	13	2		15

地區＼年月	光緒三十三年								光緒三十四年			
	三月	四月	五月	六月	十月	十一月	十二月	合計	七月	八月	九月	合計
蒼梧縣	2	4		5				11				
		1	4		3			8				
藤縣	55	16	7		4		9	91				
			3					3				
容縣		33				6	3	42				
		13						13				
岑溪縣	5			1				6				
懷集縣	1	6	5	3			14	29		1		1
			6					6				
鬱林直隸州	25	11	13	13	11	47	25	145	67	16	70	153
				5				5	17			17
博白縣		11			15	12	20	58				
			7	5				12				
北流縣	17	4	8	4	4	13	44	94				
陸川縣	4	5	14	5	9		16	53				
		5						5				
興業縣			2	1		6	3	12	3			3
			15				3	18				
柳州府	3	3			4			10	2	4		6
馬平縣	4				7			11				
雒容縣				2		3	1	6				

劫拜會地區＼年月＼攜人犯／會人犯	光緒三十三年								光緒三十四年			
	三月	四月	五月	六月	十月	十一月	十二月	合計	七月	八月	九月	合計
羅城縣					1	2		3				
柳州									16	3		19
來賓縣	9	6			7			22				
柳城縣			4			1		5				
融縣			2		3		1	6				
象縣		2	1			4	5	12				
						3	1	4				
慶遠府		3		1		3	5	12			1	1
	4						1	5				
宜山縣						3		3				
	4		2			1		7				
思恩縣	2	8						10				
河池州	11	1		1			2	15			1	1
東蘭州					1		27	28				
安化廳			1					1				
思恩府	6	8						14	2		11	13

劫拜會地區＼擄人犯人犯＼年月	光緒三十三年								光緒三十四年			
	三月	四月	五月	六月	十月	十一月	十二月	合計	七月	八月	九月	合計
武緣縣	1	1	5					7	2	9		11
賓州	16	6	2	7	4	6		41		3		3
遷江縣	11		3	4		3		21				
上林縣	1	5	2				3	11				
那馬廳						1		1				
潯州府	6	17	31	10	25	9	19	117	101	29	33	163
									1			1
桂平縣	15							15				
	4							4				
平南縣	16	4	22	16	12	5	32	107				
		2	12					14				
武宣縣					1		2	3				
貴縣	11				12	5	16	44				
	12	14		9				35				
南寧府		2		8				10	9	32	2	43
宣化縣	2		1		5			8	12			12
								12	12			12
新寧州	5	2		2		2	1	12		1		1
									1			1

劫拜會地區 ＼ 年月攜人犯會人犯	光緒三十三年								光緒三十四年			
	三月	四月	五月	六月	十月	十一月	十二月	合計	七月	八月	九月	合計
永淳縣	3			1			1	5				
隆安縣	3							3			1	1
橫州	4	2	12				6	24				
	6			3				9				
上思直隸廳					1			1				
太平府				3			1	4		1		1
龍州廳					3	2	10	15		6		6
						3	11	14				
崇善縣		1						1				
養利州									1			1
寧明州							5	5	2			2
凌雲縣		2					2	4				
西林縣	1				4	2	1	8			6	6
西隆州		2						2				
鎮安府		1	1					2				
天保縣			1			6	1	8				

劫擄人犯 拜會人犯 地區＼年月人犯	光緒三十三年								光緒三十四年			
	三月	四月	五月	六月	十月	十一月	十二月	合計	七月	八月	九月	合計
奉議州	6	2	3	10			2	23				
			1					1				
百色直隸廳	7	17	1	5			3	33	2	1		3
恩隆縣	7	7	2	1		3	3	23		3		3
恩陽州	1	2			1	1		5				
合計	338	244	268	143	146	161	321	1621	275	117	138	530

資料來源：軍機處存廣西各府廳州縣辦匪表冊。

廣西巡撫將會盜就地正法案件彙製表冊，呈報軍機處，前表係據廣西呈報表冊製作而成，包括劫擄、拜會兩項就地正法及格斃人犯，其中光緒三十三年（1907）三、四、五、六、十、十一、十二等七個月分，共計一六二一人，平均每月為二三一人，以三月分人犯最多，計三三八人，約佔總人犯百分之二十一，其次為十二月分，計三二一人，約佔總人犯百分之十九。在各月分中合計劫擄及拜會兩項人犯最多的地區是鬱林直隸州，計一五〇人，其次是平南縣，計一二一人，潯州府計一一七人，北流縣計九十四人，藤縣計九十四人，永安州計八十七人。在各人犯總數內書明"拜會"字樣的人犯，共計一九〇人，約佔總人犯百分之十二。會黨分佈最多的地區是貴縣，計三十五人，其次是興業縣，計十八人，平南縣、龍州廳各十四人，容縣十三人，博白縣十二人，此外南寧府、橫州、宜山等府州縣，又次之。光緒三十四年（1908）七、八、九等三個月分劫擄及拜會兩項人犯，共計五三〇人，其中七月分人犯最多，計二七五人，約佔總人犯百分之五十

二，其次為九月分，計一三八人，約佔百分之二十六，八月
分計一一七人，約佔百分之二十二，平均每月被正法及格斃
人犯為一七六人。在各月分中合計劫擄及拜會兩項人犯較多
地區是鬱林直隸州，共一七〇人，潯州府計一六四人，南寧、
宣化、梧州等府次之。在各人犯總數內，各月分拜會人犯共
五十一人，約佔總人犯百分之九。表冊中所開劫擄人犯中多
屬於搶劫被捕的會黨成員，因表冊中未書明結會或拜會字
樣，以致會黨人數比例偏低。在表冊內詳錄電文，開列犯罪
事實，例如光緒三十三年（1907）三月初四日電文記載梧州
府拏解何四等六名，供認拜會劫擄得贓。三月初八日電文記
載，桂平縣兵練拏解江日安等四名，供認聽糾拜會，迭劫得
贓，並斃事主。同日電文記載宜山縣兵練拏獲黃五等四名，
供認拜會劫殺過客。其餘各月日電文多載明各犯拜會夥劫打
單焚搶拉生擄人勒贖等項犯罪事實，由此可知光緒年間廣西
各屬會黨多屬於竊盜集團，對廣西社會造成嚴重的侵蝕作
用。光緒三十三年（1907）五月初九日電文中記載廣西興業
縣會黨頭目劉晚等率領會員五十餘人，與兵練作戰，殺傷多
人，會黨使用各種西方新式武器，被官方搜獲的武器包括：
單響鍼鎗一枝，九響鍼鎗四枝，吉鎗三枝，短鎗三枝，由於
會黨採購新式洋鎗，更助長了廣西會黨的勢焰。據廣西巡撫
張鳴岐奏報，綜計自光緒三十二年（1906）起，截至光緒三
十四年（1908）止，先後擒獲懲辦人犯共六千數百名，臨陣
格斃人犯共六百數十名，奪獲鎗一千四百餘枝[78]，各起會黨，
動輒數百人，蔓延及於滇黔等邊遠地區。根據現存軍機處奏
摺錄副，可將光緒十九、二十七、二十九、三十三等年貴州

---

78 《辛亥革命前十年間民變檔案史料》，下冊，頁619。

各府廳州縣就地正法會盜案件及人數，列出簡表如下：

表2：貴州各府廳州縣會盜案件一覽表

地區＼年分＼案數件人	光緒十九年		光緒廿七年		光緒廿九年		光緒卅三年	
	案件	人數	案件	人數	案件	人數	案件	人數
遵義府	5	8	6	15	2	8	42	94
黔西州	1	4	1	4	3	10	16	40
龍泉縣	1	1					1	2
古州廳	2	4					1	2
水城廳	1	1						
湄潭縣	1	2	1	4				
普安廳	4	5						
普安縣	1	5						
興義府	3	4	1	3	1	3		
貞豐州	1	2						
都勻府	2	4	4	8	6	18	2	2
鎮遠府	2	4	3	10	7	18	5	8
臺拱廳	1	2						
羅斛廳	1	4						
貴筑縣	1	5					3	4
貴陽府	2	3					1	2
普定縣	3	17	3	3	1	4		
郎岱廳	1	3					1	5
永寧州	2	5	3	5				
鎮寧州	2	9	1	2	1	3		
清鎮縣	2	4			1	2	1	4
歸化廳	1	2						
思南府			1	3	1	2		
思州府			1	1	1	1	1	1

年分　　案件　地區	光緒十九年		光緒廿七年		光緒廿九年		光緒卅三年	
	案件	人數	案件	人數	案件	人數	案件	人數
定番府			1	1	1	4	1	1
開州			1	5			2	6
銅仁府			1	1			5	6
貴東道			2	4				
石阡府			2	10	1	4		
大定府			2	4			1	4
餘慶縣			1	2			2	4
甕安縣			2	3	1	1	2	4
清平縣			1	2				
畢節縣					1	3	1	5
黎平府					2	2	1	3
荔波縣					1	4		
修文縣					2	6	11	22
安平縣							1	5
麻哈州							1	6
平越州							1	2
天柱縣							1	1
松桃直隸州							1	2
正安州							1	4
綏陽縣							1	2
安番州							1	1
合　計	40	98	38	90	33	93	108	231

資料來源：《軍機處檔‧月摺包》奏摺錄副。

　　由前列簡表可以看出光緒十九年（1893）分，貴州省各屬詳報拏獲會黨強劫就地正法共四十案，總計先後就地正法人犯共九十八名，各起案件主要分佈於遵義、黔西、龍泉、古州、水城、湄潭、普安、興義、貞豐、都勻、鎮遠、臺拱、羅斛、貴筑、貴陽、普定、郎岱、永寧、鎮寧、清鎮、歸化等府廳州縣。光緒二十七年（1901）分，共三十八案，計九

十名，其分佈地點，除前舉各屬外，還包括思南、思州、定番、開州、銅仁、貴東、石阡、大定、餘慶、甕安、清平等道府廳州縣。光緒二十九年（1903）分，共三十三案，計九十三名，其分佈地點，除前舉各屬外，還包括畢節、黎平、荔波、修文等府縣。光緒三十三年（1907）分，共一○八案，計二四二名，其分佈地點，除前舉各屬外，還包括安平、麻哈、平越、天柱、松桃、正安、綏陽、安番等州縣。就分佈地點而言，可以看出會盜案件由近及遠，分佈日廣的情形。合計各年分，可以看出貴州各屬會盜強劫就地正法案件最頻繁的地點，是在遵義府，共五十五案，計一二五人，其次是黔西州，共二十一案，計五十八人，再次為鎮遠府，共十七案，計四十人，各屬被就地正法的人數越來越多。

　　湖南地區，由於鄰近江西、兩粵，會黨盛行。據湖南巡撫岑春蓂彙案奏報就地正法人數，光緒三十四年（1908）分，自正月起至十二月底止，先後據長沙、永順等府，及長沙、善化、湘潭、瀏陽、衡陽、衡山、常寧、零陵、祁陽、寧遠、道州、永明、江華、新寧、武岡、龍陽、芷江、黔陽、麻陽、永順、保靖、桑植、龍山、郴州、桂東、石門、慈利、安福、安鄉、靖州、會同、晃州、鳳凰等州廳縣稟報，共獲一百五十八名，有的是糾結拒捕，有的是開堂放飄，有的是開會設教，有的是結夥行竊，俱批飭就地正法，應斬梟者改為斬決[79]。光緒、宣統時期，地方大吏援引光緒十八年（1892）通行章程，或宣統二年（1910）《大清現行刑律》，將會黨首夥批飭就地正法，其人數眾多，充分反映社會動亂的擴大，較之乾嘉時期，實不可同日而語。民變之起，發之猝者易滅，釀之久者難圖。秘密會黨源遠流長，隨著社會經濟的變遷，日積月盛，久成燎原之勢。清廷制訂律例，嚴懲會黨，無非辟以止辟。但各省州縣依然遍地有會，遍地有匪，其社會控制，確實效果不彰。

《鳥譜》滿文圖說校注導讀

異曲同工──《鳥譜》的繪製經過

　　蔣廷錫，字揚孫，江南常熟人，以舉人供奉內廷。康熙四十二年（1703），賜進士，改庶吉士，累遷至內閣學士。蔣廷錫工詩善畫，康熙年間（1662-1722），供奉內廷二十餘年。《石渠寶笈》初編御書房著錄：「蔣廷錫畫鳥譜十二冊」，「素絹本，著色畫，每冊凡三十幅，左方別幅書譜文。每冊末幅款云：『臣蔣廷錫恭畫』，下有「臣廷錫、朝朝染翰」二印，共計三百六十幅。幅高一尺七分，廣一尺二寸九分。」

　　《清宮內務府造辦處各作成做活計清檔》記載乾隆十四年（1749）十月二十二日，太監胡世傑交《鳥譜》一冊，傳旨：「着余穉照《鳥譜》數目尺寸用絹畫《鳥譜》十二冊，欽此。」余省奉命將御書房所貯「蔣廷錫畫《鳥譜》十二冊」照數目尺寸用絹另行摹繪一份。《石渠寶笈》續編乾清宮著錄：「余省畫《鳥譜》十二冊」，「素絹本，着色畫，每冊三十幅，每冊末幅款云：『臣余省恭畫』，下有「臣余省恭畫」連印。每幅左方王圖炳楷書譜文，每冊末幅款云：『臣王圖炳奉勅敬書』。幅高一尺二寸五分，廣一尺三寸。」除余省畫本外，另有余省、張為邦合摹本。

　　《石渠寶笈》續編重華宮著錄：「余省、張為邦合摹蔣廷錫《鳥譜》十二冊」，「本幅，絹本，十二冊，每冊三十幅，末冊三十二幅。縱一尺二寸五分，橫一尺三寸，設色畫鳥屬

三百六十一種。右圖左說，兼清漢書。」第一冊所載鳥類名稱，包括：鳳、鸞、孔雀、開屏孔雀、鶴、灰鶴、小灰鶴、藍、北喜鵲、喜鵲、山喜鵲、白喜鵲、山鷓、黑山鷓、靛花、石青、鸜鵒、沈香色八哥、秋香色八哥、白八哥、花八哥、燕八哥、山八哥、海八哥、番八哥、白哥、瑞紅鳥、灰色洋鴿、鸖鴿、毛腳鴿，共計三十幅。對照現藏《鳥譜》第一冊鳥類圖文名稱，彼此相合。

第二冊所載鳥類名稱，包括：西綠鸚哥、南綠鸚哥、黑觜綠鸚哥、洋綠鸚哥、紅頰綠鸚哥、柳綠鸚哥、山鸚哥、青頭紅鸚哥、綠翅紅鸚哥、翠尾紅鸚哥、黃鸚哥、灰色洋鸚哥、洋綠鸚哥、牙色裏毛大白鸚䳇、葵黃裏毛大白鸚䳇、葵黃頂花小白鸚䳇、牙色頂花小白鸚䳇、鳳皇鸚䳇、金頭鸚䳇、蓮青鸚䳇、黃丁香鳥、綠丁香鳥、了哥、倒挂鳥、黑觜倒挂、珊瑚鳥、黃山烏、綠山烏、松鴉、白松鴉，共計三十幅。對照現藏《鳥譜》第二冊鳥類圖文名稱，彼此頗有出入。其中第四幅「洋綠鸚哥」，現藏《鳥譜》作「洋綠鸚䳇」。各幅先後順序，亦頗有出入。第十三幅「洋綠鸚哥」，與第四幅「洋綠鸚哥」重複，而缺「洋綠鸚䳇」。第十八幅「鳳皇鸚䳇」，現藏《鳥譜》作「鳳凰鸚䳇」。

第三冊所載鳥類名稱，包括：金翅、柿黃、黃道眉、淡黃道眉、五道眉、白道眉、畫眉、石畫眉、山畫眉、燕雀、白花雀、山花雀、金雀、侶鳳逑、南相思鳥、粉眼、金眼、嗝叭觜、槐串、金鈴、白頭金鈴、太平雀（一名十二黃）、太平雀（一名十二紅）、珠頂紅、花紅燕、花黃燕、山火燕、南百舌、北百舌、雌北百舌，共計三十幅。對照現藏《鳥譜》第三冊鳥類圖文名稱，彼此相合。

第四冊所載鳥類名稱，包括：藍靛頦、黑靛頦、紅靛頦、白靛頦、靠山紅、金絲麻鷯、黃麗、鶯雛、蛇頭鳥、白頭翁、白頭郎、雙喜、吉祥鳥、五更鳴、西寧白、偷倉、長春花鳥、嘉雀、白嘉雀、花嘉雀、黃雀、山雀、鵪鶉、白牛鵪、南牛鵪、白翎、阿濫、米色阿濫、鳳頭阿濫、鳳頭花阿濫，共計三十幅。對照現藏《鳥譜》第四冊鳥類圖文名稱，彼此略有出入。其中第七幅「黃麗」，現藏《鳥譜》作「黃鸝」；第二十四幅「白牛鵪」，現藏《鳥譜》作「北牛鵪」；第二十七幅「阿濫」、第二十八幅「米色阿濫」、第二十九幅「鳳頭阿濫」、第三十幅「鳳頭花阿濫」，現藏《鳥譜》分別作「阿蘭」、「米色阿蘭」、「鳳頭阿蘭」、「鳳頭花阿蘭」。

第五冊所載鳥類名稱，包括：錦雞、白鷳、吐綬雞、紅色吐綬雞、田洞雞、朱頂大啄木、山啄木、雌山啄木、紅頭花啄木、花啄木、黑頭啄木、白頭啄木、花翎山啄木、戴勝、黑鳩、刺毛鷹、火紋斑、綠斑、南綠斑、紫斑、布穀鳥、佛鳥、王岡哥、貼樹皮、弩克鴉克、雌弩克鴉克、石燕、越燕、紫燕、蛇燕，共計三十幅。對照現藏《鳥譜》第五冊鳥類圖文名稱，其中第十三幅「花翎山啄木」，現藏《鳥譜》作「花翅山啄木」，其餘諸幅，彼此相符。

第六冊所載鳥類名稱，包括：丹雄雞、黑雌雞、烏骨雞、翻毛雞、絲毛雞、雌絲毛雞、萊雞、越雞、太和雞、廣東雞、雌廣東雞、洋雞、雌洋雞、野雞、雉雞、半翅、雌半翅、麻雀、穿草雞、樹雞、口北樹雞、�雞、雌鷄雞、鷄雉、金錢雞、石雞、竹雞、火雞、松雞、山花雞，共計三十幅。對照現藏《鳥譜》第六冊鳥類圖文名稱，其中第九幅「太和雞」，現藏《鳥譜》作「泰和雞」，其餘各幅名稱，彼此相合。

第七冊所載鳥類名稱，包括：黑觜天鵞、金頭天鵞、紅觜天鵞、花鵝、白鵝、鳳頭鵝、黃杓雁、小黃杓雁、茶雁、賓鴻、鵽雁、秦雁、小黑頭雁、白雁、綠頭鴨、雌鴨、黑鴨、黑觜白鴨、黃觜白鴨、黑觜花鴨、鳳頭烏骨鴨、洋鴨、雌洋鴨、冠鴨、小冠鴨、野鴨、雌野鴨、羅紋鴨、麻鴨、鳳頭羅紋鴨，共計三十幅。對照現藏《鳥譜》第七冊鳥類圖文名稱，彼此相合。

第八冊所載鳥類名稱，包括：尖尾羅紋鴨、沙背羅紋鴨、糠頭羅紋鴨、馬鴨、魚鴨、鳳頭魚鴨、鳳頭黑腳鴨、雌鳳頭黑腳鴨、黑腳鴨、蒲鴨、鴛鴦、鸂鶒、黃鴨、土鴛鴦、泥趷蹬、雌泥趷蹬、落河、皮壺盧、雌皮壺盧、油壺盧、水壺盧、翠雲鳥、鸛、黑鸛、鶖鵝、禿鶖、麥黃鶖、花鶖、江鷗、海鷗，共計三十幅。其中第十八幅「皮壺盧」、第十九幅「雌皮壺盧」、第二十幅「油壺盧」、第二十一幅「水壺盧」、第二十六幅「禿鶖」，現藏《鳥譜》第八冊分別作「皮壺蘆」、「雌皮葫蘆」、「油葫蘆」、「水葫蘆」、「鵜鶖」。

第九冊所載鳥類名稱，包括：建華鴨、白鷺、青鷺、青莊、黃莊、紅莊、白莊、小白莊、黑莊、鶬、羊鶬、青觜淘河、淘河、水花冠、五斑虫、水駱駝、水鶿鳥、鸍鴠、打穀鳥、三和尚、油罐子、沙溜兒、骨頂、水雞、水鶴、澤雞、小水雞、地烏、魚鷹、鸕鷀，共計三十幅。對照現藏《鳥譜》第九冊鳥類圖文名稱，彼此相合。

第十冊所載鳥類名稱，包括：翠鳥、南翠、北翠、暹羅翠、水喳子、蘆葦鳥、水喜鵲、鶺鴒、蘿蔔花、黃蘿蔔花、青蘿蔔花、慈烏、烏鴉、青鴉、白鴉、元烏、寒鴉、紅觜鴉、紫練、白練、鸒雞、錦背不剌、鶯不剌、火不剌、寒露、錦

背、綠鳥、兜兜雀、大水札子、樹札子，共計三十幅。對照現藏《鳥譜》第十冊鳥類圖文名稱，其各幅先後順序，頗有出入。其中第二十一幅「鷖雞」、第二十二幅「錦背不刺」、第二十三幅「鶯不刺」、第二十四幅「火不刺」，現藏《鳥譜》第十冊第二十一幅為「火不刺」、第二十二幅為「鷹不刺」、第二十三幅為「錦背不刺」、第二十四幅為「鷖雞」。

第十一冊所載鳥類名稱，包括：老皁鵰、皁鵰、狗頭鵰、白鵰、虎斑鵰、接白鵰、又接白鵰、芝麻鵰、團鵰、花白鵰、倒插鵰、花鶻鷹、白海青、蘆花海青、籠黃鷹、新黃鷹、籠栢雄、籠鷲兒、風鷹、青鷳、雌青鷳、鷂子、籠鷂子、花豹、黃花豹、蝦蟆鷹、鷓鷹、花頭鷂鷹、鷂鷹、黃鷂鷹，共計三十幅。對照現藏《鳥譜》第十一冊鳥類圖文名稱，略有出入。第十八幅「籠鷲兒」，現藏《鳥譜》作「籠鷙兒」；第二十一幅「雌青鷳」，現藏《鳥譜》作「鷂子」；第二十二幅「鷂子」，現藏《鳥譜》作「雌青鷳」。

第十二冊所載鳥類名稱，包括：白超、黑超、鴞鳥、狼鵙、雲頭花豹、茅鴟、樹貓兒、夜貓兒、木兔、鷦鴣、子規、松花、蜀黍雀、麻葉雀、搖臀雀、梧桐、皁兒、灰兒、仔仔黑、黃交觜、紅交觜、花交觜、虎頭雀、竹葉鳥、花斑鳥、告天子、鐵腳、國公鳥、信鳥、提壺鳥、額摩鳥，共計三十一幅。對照現藏《鳥譜》第十二冊鳥類圖文名稱，彼此相合。

《鳥譜》第十二冊後幅詳載傅恒等題跋，原跋云：「右鳥譜十二冊，為圖三百有六十，內府舊藏故大學士蔣廷錫設色本，乾隆庚午春，敕畫院供奉余省、張為邦摹繪，並命臣等以國書譯圖說，系於各幀之左，迄辛巳冬竣事，裝潢上呈乙覽。凡名之訛者，音之舛者，悉於幾餘，披閱舉示。復詳勘

釐正，并識其始末。臣等竊惟《爾雅·釋鳥》一篇，列敘綦詳，注疏家據引紛如，往往闕疑莫考。他若陸璣之廣《詩疏》、張華之注《禽經》，傅會滋繁，折衷鮮要，蓋泥於古，則無以證今，拘於方，則不能通俗。且肖形未備，斯格致無徵焉。茲譜所錄，凡雲飛水宿之屬，各以類聚。辨毛羽，誌鳴聲，考飲啄之宜，紀職方之產，雌雄雛鷇，稽述靡遺，洵足為對時育物之資，博考洽聞之助矣。矧夫亭育所周，遠逮絕域，若鷺鷥爾之羽，至自伊犁，大雀之卵，來於安息，竝獲紀自宸章，另圖誌實，故當以西鶼北隼，同載幅員盛事云爾。臣傅恒、臣劉統勳、臣兆惠、臣阿里袞、臣劉綸、臣舒赫德、臣阿桂、臣于敏中恭跋。」《鳥譜》後幅臣工題跋中，「乾隆庚午春」，相當於乾隆十五年（1750）春。是年春，畫院供奉余省、張為邦奉命將內府舊藏大學士蔣廷錫設色《鳥譜》十二冊合摹一份，並以滿文繙譯圖說。乾隆二十六年辛巳（1761）冬竣事，裝潢呈覽，前後歷時十一年。對照《內務府造辦處各作成做活計清檔》、《上諭檔》，可知乾隆十五年（1750）六月，畫院奉旨將黑花鳥四件、白鳥一件畫入《鳥譜》。

　　乾隆十九年（1754）十月十二日，奏事總管王常貴將《鳥譜》圖樣三十張交到畫院處，傳旨：「着余省畫得時聚在蔣廷錫畫《鳥譜》後，欽此。」乾隆二十五年（1760）四月，軍機大臣遵旨交辦《鳥譜》十二冊，查明已繙譯滿文至九冊，未繙者尚有三冊。乾隆二十六年（1761）六月十三日，軍機處交下絹畫《鳥譜》九十幅，絹字圖說九十幅傳旨：「着交如意館表冊頁，欽此。」同年七月初七日，軍機處交下如意館絹畫《鳥譜》六十張，絹字圖說六十張。奉旨絹畫《鳥譜》圖說字裱冊頁二冊。是月，軍機處將繕寫《鳥譜》人員開列

清單呈覽，包括滿中書福興、費揚古，漢編修胡高望、漢中
書唐璟。同年十月十四日，軍機處交下如意館絹畫《獸譜》
一百八十張，絹字圖說一百八十張。絹畫《鳥譜》二百一十
張，絹字圖說二百一十張。傳旨：「着將《獸譜》裱冊頁六冊，
《鳥譜》裱冊頁七冊。」乾隆二十七年（1762）閏五月十八
日，太監胡世傑傳旨，以《鳥譜》、《獸譜》等冊頁既多，「着
用外僱匠人成做。」對照檔案，有助於了解《鳥譜》繪製過
程。在繪製《鳥譜》的同時；余省、張為邦也奉旨繪製《獸
譜》。

　　《鳥譜》十二冊，俱右圖左說，其圖說文字，滿漢兼書，
對照滿文的繙譯內容，有助於了解《鳥譜》鳥類漢字名稱、
鳥身部位、羽毛色彩等詞彙的詞義。余省，江蘇常熟人。其
父余珣潛心於畫作，余省及其弟余稱自幼在余珣的教誨下，
俱工於花鳥寫生，余省且曾受業於蔣廷錫。張為邦，江蘇廣
陵人。其父張震，以畫藝稱旨供職於內廷。張為邦自幼受張
震的薰陶，亦工於繪畫，尤擅畫人物、花卉。余省、張為邦
俱供奉於內廷畫院，畫風工麗，其摹繪蔣廷錫《鳥譜》，確實
頗能得其風貌。臺北國立故宮博物院出版《故宮鳥譜》前言
中已指出，若將《鳥譜》相較於蔣廷錫其他之花鳥畫作，不
論枝幹、花葉或鳥之用筆、造型，也實有異曲同工之妙。各
幅在工整規矩之餘，其構景佈局，皆以鳥為主題，以花木景
物為陪襯，多有雷同之處。就整體風格而言，筆法工整，設
色濃郁，有光影變化之感，顯具郎世寧所帶來西洋技法之影
響。北京故宮博物院出版《清宮鳥譜・前言》亦指出：「這套
『淘足為對時育物之資，博考洽聞之助矣』的《鳥譜》是在
乾隆皇帝的高度關注之下，由余省、張為邦精心繪製而成的

中國古代開最作多的工筆重彩花鳥畫冊。它展現了清代宮廷繪畫的審美、技法與表現特色；傅恒等軍機大臣以對題形式所作的嚴格考證，則體現出清代樸素生物學的觀察、思維與表達特徵。因此，無論是從宮廷繪畫史還是古代科技史來判斷，余、張《鳥譜》的意義都不可低估。」《鳥譜》中的禽鳥是以寫實的手法表現其立體感，極具生態記錄的價值。《故宮鳥譜・前言》進一步指出，「如《鳥譜》類之作品，不但可供有興趣於研究中國鳥類生態者之用，也可作為花鳥畫家們在創作之先、收集素材時之參考資料，再經過取材、融會，形成一幅幅匠心獨具之作品。」

附

《鳥譜》滿文圖說

封面彩圖

第一冊　鳳

第二冊　西綠鸚哥

第三冊　金翅

第四冊　藍靛頦

第五冊　錦雞

第六冊　丹雄雞

第七冊　黑觜天鵝

第八冊　尖尾羅紋鴨

第九冊　建華鴨

第十冊　翠鳥

第十一冊　老皀鵰

第十二冊　白超

文獻足徵─鳥的故事

　　《鳥譜》中記載了頗多動人的故事，慈烏反哺的故事，老少都耳熟能詳。慈烏是一種孝鳥，雛鳥長大後，即反哺其母。《鳥譜》引《庶物釋義》云：「烏初生，母哺六十日，長則反哺六十日。」因烏慈孝，又名慈鴉。白居易著《長慶集·慈烏夜啼》云：「慈烏失其母，啞啞吐哀音。晝夜不飛去，經年守故林。夜夜夜半啼，聞者為沾襟。聲中如告訴，未盡反哺心。百鳥豈無母，爾獨哀怨深。應是母慈重，使爾悲不任。昔有吳起者，母歿喪不臨。嗟哉斯徒輩，其心不如禽。慈烏復慈烏，鳥中之曾參。」慈烏失母，啞啞哀音，聞者沾襟。人於父母，不能孝養，則不如慈烏。

　　白鵲，一名神女。傳說白鵲是赤帝之女成仙後所化。王岡哥也是一種神鳥。《鳥譜》記載，「昔有二人結伴行商於外，其一王姓者散失，一人尋其跡，日呼其字於山谷間，不勝饑寒而歿，其魂化為此鳥，啼聲云：『王岡哥』，唯於夜中聞聲，人以為神鳥也。」神鳥夜啼，哀怨亦深。

　　鳥類群棲，雌雄相愛，鶼鰈情深。鶼是一種比翼鳥，鰈是一種比目魚，鶼鰈比喻夫妻，一目一翼，相得乃飛。越燕因其春社來秋社去，故又名社燕，小而多聲，朝奇而暮偶。鶺鴒居有常匹，飛則相隨。瑞紅鳥是閩中鳥，《鳥譜》記載，此鳥雌雄相並，宛若伉儷，性不再匹，籠畜必雙。若去其一，則其一亦不能久存。即使以他籠瑞紅配之，終不相合。

　　鴛鴦更是伉儷情深，雄者為鴛，雌者為鴦。鴛鴦同類相愛，交頸而臥，其交不再，民間常以鴛鴦比喻夫婦。《鳥譜》

引《通典》注云：「鴛鴦飛止須匹，鳴則相和，雄鳴曰鴛，雌鳴曰鴦。」《古今注》云：「鴛鴦雌雄不相離，人獲其一，則一相思而不食，故謂之匹鳥。」《本草集義》云：「鴛鴦，鳧類也，終日並遊，有宛在水中央之意，故名。」匹鳥相思，寸步相隨。《鳥譜》記載，侶鳳述，其性最巧，能於叢藪間築小巢，雌雄相愛，一名相思鳥。《閩小紀》記載，浦城得相思鳥，合雌雄於一籠，閉一縱一，即使遠去，久之必覓道歸，宛轉自求速入，居者於其初歸，亦鳴躍喜接。宿則以首互沒翼中，距立若伉儷之重焉。明葉顯祖〈相思鳥賦序〉亦稱，相思鳥雌雄並棲，捕必雙得，如縱其一，百里尋赴。鳥類的情感，真心誠摯，始終如一。

鳥類的習性，受到生態學者的重視。《鳥譜》引《彙雅》云：「鶴歲生數卵，四月，雌鶴伏卵，雄鶴往來為衛，見雌起，則啄之。見人窺卵，則破而棄之。」不窺視鶴卵，是愛鶴的表現。弩克鴉克鳥是暹羅國的一種珍禽。據暹羅國人相傳，「此鳥在大樹朽窟中作巢，產卵後，雄為之伏，雌者出外覓食，雛生後，雄居巢內，雌者銜泥封巢口，僅留一小穴，銜食以飼。候雛能飛，雌者始開封口，雄乃引雛而出。」雄者留在巢內撫養幼雛，更能保護幼雛的平安長大。

古人相信鳥類大多能夠預知風雨陰晴的變化。鸛，習稱鸛鶴。《鳥譜》引《禽經》云：「鸛仰鳴晴，俯鳴陰；雄鳴晴，雌鳴陰。」丹歌是一種水鶴，近似白鷺。粵人以其丹觜善鳴，故名丹歌。將有風雨，則鳴而上山，無風雨，則鳴而下於川澤。山鷓是一種山鵲，又名鸎。俗諺說：「朝鸎叫晴，暮鸎叫雨。」《說文解字》以鸎為知來事之鳥，故字從覺頭。《淮南子》注云：「人將有喜徵則鵲鳴」。靈鵲兆喜，喜鵲亦名靈鵲，

歲多風，則鵲巢卑。《田家雜占》云：「鵲巢低主水，高主旱。」
《博物志》亦云：「先儒以鵲巢居而知風，蓋歲多風，則去喬
木，巢旁枝，故能高而不危也。」《述異記》記載，「巴東山
中有吐綬鳥，毛色可愛，若天晴淑景，則吐綬長一尺，陰晦
則不吐。」吐綬雞屬於雉類，頸有彩囊，紅碧相間，天晴則
頸吐彩囊。《爾雅翼》云：「白雁似鴻而小，色白，秋深乃來，
來則霜降，河北謂之霜信。」古人觀察鳥類的活動，可以預
測天象的變化。

　　鳥類大多善鳴，《鳥譜》引《本草綱目》指出，鶯處處有
之，雌雄雙飛，立春後即鳴，麥黃甚熟時，其聲更是圓滑如
織機聲。《閩書》記載，畫眉好鬥善鳴，清圓可聽。《粵志》
記載，畫眉巧作千聲如百舌。石畫眉，一名白眉，聲極清轉
可聽。山畫眉生於塞外山中，其鳴聲亦圓轉可聽。五更鳴因
中夜常鳴，故又稱五更囀。長春鳥鳴聲，終日不絕，婉轉可
聽。槐串性喜槐樹濃蔭可以藏身，鳴聲清轉，音如銅鈴，有
韻而清。粉眼，又名柳葉雀，鳴聲清短。天鷚，又名叫天子，
形醜善鳴。其鳴如龠，聲高多韻。黎明之際，自草際飛鳴而
起，且飛且鳴，直上雲端，其聲連綿。

　　花紅燕能效百鳥鳴聲，又名百舌鳥，春季二、三月始鳴，
江南人稱花紅燕為喚春。黃鸝鵝能唱歌曲，其音宛轉，世不
多見。《宋史·樂志》記載，宋太宗洞曉音律，他曾為黃鸝鵝
親製〈金鸝鵝曲〉。鳳凰、鸞都是瑞鳥。鳳凰鸚鵡，一名時樂
鳥，其鳴聲云：「太平」，天下有道則見時樂鳥。

　　巧解人言的鳥類，多成為人們的寵物鳥。松鴉生於塞外
山中，因棲息松間而得名。其舌如鸚鵡，故能學人言。西綠
鸚哥、南綠鸚哥亦巧解人言。《山堂肆考》記載，「鸜鵒性通

人意，能學人語，故名慧鳥。」鸜鵒能學種種聲音，較鸚鵡、了哥更清晰，南唐李煜稱鸜鵒為八哥，意即能說話的鳥。西寧白因來自西寧而得名，是五更鳴的別種，人們多籠畜之，教以雜戲。山鷚、金翅性巧而馴順，俱可教以雜戲，取果銜旗，往來如意。

禽鳥除了賞玩以外，大多可以入藥治病。《鳥譜》引《本草綱目》稱，鵝喜唼蚯蚓，能制射工。所謂「射工」，是指傳說中的毒蟲名稱，習稱蜮，又稱為射影。相傳蜮居水中，聽到人聲，以氣為矢，或激盪水滴，或含沙以射人，被射中的人皮膚發瘡，中影者亦生病。《博物志》記載，射工蟲是一種甲蟲，長一、二寸，口中有弩形，以氣射人影，被射中的部位即發瘡，即所謂「含沙射影」。民間相信養鵝可避蟲虺之害，以鵝毛為褥，可以醫治小兒驚癇，其卵可補中益氣。白鵝膏臘月鍊收，氣味甘，微寒，無毒，主治耳朵猝聾，潤皮膚，可合面脂。《古今注》記載，黑觜天鵝的肉可食，其油可治瘡，除小兒肚裡寄生蟲。據《鳥譜》記載，治水腫，利小便，宜用青頭雄鴨，取水木生發之象；治虛勞熱毒，宜用烏骨白鴨，取金水寒肅之象。《本草驗方》記載，黑觜白鴨，可治久虛發熱，古方稱為鳳膏。《本草發明》記載，烏骨鴨可治虛勞，白毛烏骨鴨尤佳。鵜鶘因好入水食魚，故又稱淘河。《粵志》記載，青觜淘河，其脂性走，能引諸藥透入筋骨。

家雞和野雞不同，《物類相感志》記載，「野雞屬陰，先鳴而後鼓翼；家雞屬陽，先鼓翼而後鳴。」《本草綱目》記載，「雞舌黑者，則骨肉俱烏，入藥更良。」《古方集覽》記載，「雞之通身皆可入藥，肉治肺；頭治蟲辟瘟；身血解驚安神；冠血主乳難，治目赤去毒；肪治耳聾；肝療目暗；膽治痔；

腎治鼻衄；嗉治氣噎；腱脛裏皮治小兒諸疾；腸治消渴；肋骨治羸瘦；距下骨哽翎翎治血閉。」《本草綱目》記載，「黑雌雞肉，氣味甘酸溫平無毒。黃雌雞肉，氣味甘酸鹹平無毒。」李時珍指出，「烏色屬水，雌者屬陰，故烏雞所治皆血分之症；黃者土色，雌者坤象，味甘歸脾，氣溫益胃，故所治皆脾胃之症，各以類從。」民間相傳，雞有五色者，黑身白首者，六指者，四距者，皆不可食，「物狀之異者，每能為毒。」可以入藥的雞，只有丹、白二種。

《春秋繁露》記載，「鶌鳥目不視日，而其羽可去昧。」句中「去昧」，滿文讀作"yasa sohiha be dasaci ombi"，意即「可治眼眯」。民間傳說，啄木鳥能以觜畫字，令蟲自出。福建、廣東、四川等地巫覡利用啄木鳥畫字木塊，以收驚癇。竹雞多居竹林中，其性好啼。傳說竹雞叫，可去壁虱及白蟻。

許多鳥類，頗有個性，《埤雅》記載，「孔雀，尾有金翠，五年而後成，尤自珍愛，遇芳時好景，聞弦歌，必舒張翅尾，盼睞而舞。性妒忌，自矜其尾，雖馴養已久，遇婦人、童子服錦綵者，必逐而啄之。」藍，又名赤頰。《鳥譜》引《越志》云：「藍狀與鶴同，灰身赤頰，長翅黑翮，頸無黑毛，群翔碧藻間，亦畜於園庭。性妒，見彩服則鳴舞，或逐而啄之。」鳥類的妒忌，出於天性。

古人對禽鳥的觀察，大多給與高度的肯定。「不為風雨變，雞德一何貞。」古人認為雞是一種德禽，牠具備文、武、勇、仁、信五德。以雞戴冠為文，外觀文雅；雞以足搏距為武，腳登利爪，敵前敢鬥為勇，鬥智高昂；見食相呼為仁，不肯獨食；守時不失信，至曉即啼，以時而鳴。雞時至而鳴，一名司晨。《彙雅》亦云：「雞曰知時鳥，亦曰德禽。」文獻

古籍中以禽鳥為主題的故事，大多生動有趣。賞鳥、愛鳥，就是維護生態的具體表現。

羽族集成—鳥類滿文名稱的繙譯

《鳥譜》的內容，除了山林中的禽鳥外，也包含水邊溪岸的禽鳥。《鳥譜》後幅「臣工跋」中已指出，「茲譜所錄，凡雲飛水宿之屬，各以類聚。」《鳥譜》每冊三十幅，十二冊，設色畫鳥屬三百六十種。其所錄中國鳥種，雖未盡全備，惟已頗具規模。北京故宮博物院出版《清宮鳥譜・前言》指出，畫院供奉余省、張為邦奉命合摹蔣廷錫的《鳥譜》，實際上並非對蔣廷錫畫作的簡單臨摹，而是從表現對象到文字內容都作了增減修正。余省、張為邦在仿製蔣廷錫《鳥譜》的過程中，不斷遵奉旨意加進新的內容。有增必有減，由此推斷，余省、張為邦對蔣廷錫《鳥譜》的原作進行了刪減，從而保持了畫作「三百六十幅」總數的不變。

《清宮鳥譜・前言》中進一步指出，余省、張為邦合摹的《鳥譜》在內容安排上，有意將同類禽鳥繪於同一本圖冊中，以便於對某一類禽鳥的全面掌握。但是由於每本圖冊的開數是固定的，而每類禽鳥的數目不同，於是出現了將幾類禽鳥合併同一冊，或者是以某一類禽鳥為主，再附加其他禽鳥的組合。由於受每冊繪三十開的制約，有些禽鳥不得不跨冊。第十二冊是《鳥譜》的最後一冊，因此，所繪禽鳥的種類略雜，其實是對各冊遺漏禽鳥的補遺。〈前言〉的推斷符合事實。《鳥譜》每冊所繪三十圖文字說明中，包含頗多其他禽鳥名稱，《鳥譜》中所列禽鳥名稱，多譯出滿文，對照滿漢文，有助於對禽鳥的了解。

賦物有象：鳥身部位漢滿名稱對照表

順次	漢文	滿文	羅馬字轉寫	備註
1	冠		gunggulu	
2	毛		funggaha	
3	足		bethe	
4	距		fakjin	
5	尾		uncehen	
6	頸		meifen	
7	背		huru	
8	項		meifen	
9	膺		alajan	
10	火眼		eldengge yasa	

順次	漢文	滿文	羅馬字轉寫	備註
11	翠髻		fiyangga senggele	
12	翼		asha	
13	睛		yasai faha	
14	觜		engge	
15	頂		tosi	
16	頰		šakšaha	
17	頷		sencehe	
18	頸		monggon	
19	羽		funggaha	
20	翎		dethe	

順次	漢文	滿文	羅馬字轉寫	備註
21	翅		asha	
22	脛		sira	
23	趾		fatha	
24	爪		ošoho	
25	膺		tunggen	
26	目		yasa	
27	臆		alajan	
28	喙		engge	
29	喙		engge i dube	
30	嗉		konggolo	

順次	漢文	滿文	羅馬字轉寫	備註
31	胸		alajan	
32	翮		niongnio	
33	懸爪		fakjin	
34	後趾		ferge	
35	跂		ošoho	
36	觜根		engge i da	
37	頂		uju	
38	胸臆		alajan	
39	首		uju	
40	脅		ebci	

順次	漢文	滿文	羅馬字轉寫	備註
41	膊		asha i da	
42	白點		šanyan mersen	
43	細毳		narhūn nunggari	
44	翅翎		asha dethe	
45	尾毛		uncehen i funggala	
46	肩		ashai da	

順次	漢文	滿文	羅馬字轉寫	備註
47	白尖		šanyan solmin	
48	翅毛		asha i dethe	
49	翠毛		niowari funggala	
50	肩		meiren	
51	白尖		dubei ergi šanyan	
52	黑斑		sahaliyan bederi	
53	黃紋		suwayan alha	

順次	漢文	滿文	羅馬字轉寫	備註
54	觜喙		engge i dube	
55	幘		gunggulu	
56	白尖		šanyan dube	
57	白尖		dube šanyan	
58	白莖尖		dube šanyan	
59	白邊		dube šanyan	
60	尾根		uncehen i da	

順次	漢文	滿文	羅馬字轉寫	備註
61	毛根		dethe i da	
62	白裏		doko ergi šanyan	
63	喙尖		enggei dube	
64	脛		bethe	
65	離披		labdahūn	
66	趾		ošoho	
67	趾		wasiha	
69	赤喙		engge fulgiyan	

順次	漢文	滿文	羅馬字轉寫	備註
68	毛末		funggala i dube	
70	深目		yasa šungkutu	
71	紅觜		engge fulgiyan	
72	黑觜		engge sahaliyan	
73	勾喙		engge i dube watangga	
74	翠衿		funggaha niowari	

順次	漢文	滿文	羅馬字轉寫	備註
75	丹觜		engge fulgiyan	
76	蒼白斑		sahahūkan šanyan kuri	
77	毛根		funggaha i da	
78	茸毛		nunggari	
79	翅根		ashai da	
80	綠斑		niowanggiyan kuri	

順次	漢文	滿文	羅馬字轉寫	備註
81	赭黃紋		fulhūkan suwayan alha	
82	桃紅項		meifen jamu	
83	翅尖		asha i dube	
84	頭頂		ujui ninggu	
85	表裏		tuku doko	
86	裏		nunggari	茸毛

順次	漢文	滿文	羅馬字轉寫	備註
87	上味		engge i dergi	
88	下味		engge i fejergi	
89	丹首		uju fulgiyan	
90	紅臆		alajan fulgiyan	
91	朱冠		gunggulu fulgiyan	
92	頭頂		uju	
93	青綠紋		yacikan niowanggiyan bederi	

順次	漢文	滿文	羅馬字轉寫	備註
94	翠綠毛		niowari niowanggiyan funggaha	
95	黑喙		engge i dube sahaliyan	
96	青紋		yacin bederi	
97	丹咮		engge fulgiyan	
98	肉冠		yali senggele	
99	紅點		fulgiyan mersen	

順次	漢文	滿文	羅馬字轉寫	備註
100	紅喙		engge fulgiyan	
101	纖爪		ošoho narhūkan	
102	兩腮		juwe ergi jayan	
103	圓點		muheliyen mersen	
104	翅蒼黑色		asha sahahūri boco	

順次	漢文	滿文	羅馬字轉寫	備註
105	翠白紋		niowari šanyan bederi	
106	黑斑		sahaliyan mersen	
107	白襴		šanyan bederi	
108	黑斑		sahaliyan kuri	
109	赤點		fulgiyan mersen	

順次	漢文	滿文	羅馬字轉寫	備註
110	吻間		engge i hošo	
111	細紋		narhūn alha	
112	玉色觜		engge šeyeken boco	
113	朱喙		engge fulgiyan	
114	蒼斑		sahahūkan kuri	

順次	漢文	滿文	羅馬字轉寫	備註
115	水紅斑		fulahūn kuri	
116	淡黃尖		gelfiyen suwayan i solmin	
117	蒼翮		niongnio sahaliyan	
118	蒼斑		sahaliyakan bederi	
119	蒼足		bethe sahaliyan	

順次	漢文	滿文	羅馬字轉寫	備註
120	黑斑		sahaliyan bederi	
121	黑喙		engge sahaliyan	
122	黑觜		engge sahaliyan	
123	白根		engge i da šayan	
124	玉觜		engge šayan	

順次	漢文	滿文	羅馬字轉寫	備註
125	黑蒼觜		engge sahahūkan yacin	
126	碎白點		ajige šayan mersen	
127	角毛		gunggulu	
128	斑文		kuri bederi	
129	黑睛		yasai faha sahaliyan	

次	漢文	滿文	羅馬字轉寫	備註
130	長纓		golmin funggaha	
131	懸距		fakjin	
132	咽		konggolo	嗉囊
133	肉綬		yali suihe	
134	丹頂		tosi fulgiyan	
135	紅頂		tosi fulgiyan	
136	黑莖		kitala sahaliyan	

順次	漢文	滿文	羅馬字轉寫	備註
137	頂花		uju i alha funggaha	
138	芒銛		solmin	
139	籖口		engge narhūn	
140	布翅		asha onco	
141	紅綏		fulgiyan senggele	
142	白莖		kitala šayan	

順次	漢文	滿文	羅馬字轉寫	備註
143	纓毛		sorson i gese funggaha	
144	懸胡		labdahūn	
145	黑尻		soiho sahaliyan	
146	蓋尾		gidacan	
147	黑尖		solmin sahaliyan	
148	翠鬣		meifen i niowari	

順次	漢文	滿文	羅馬字轉寫	備註
149	趾間幕皮		fatha i holbome banjiha sukū	
150	羅紋		ceri alha	
151	朱目		yasai faha fulgiyan	
152	觜目		engge yasa	
153	胸釜		alajan muheliyen	

順次	漢文	滿文	羅馬字轉寫	備註
154	背竈		huru cokcohon	
155	幕皮		holboho sukū	
156	趾根		wasiha i da	
157	咽		monggon	
158	胡袋		amba konggolo	
159	頸		monggon	

順次	漢文	滿文	羅馬字轉寫	備註
160	長而瘦	ᡤᠣᠯᠮᡳᠨ ᠪᡳᠮᡝ ᠨᠠᡵᡥᡡᠨ	golmin bime narhūn	

資料來源：《故宮鳥譜》，臺北，國立故宮博物院，民國八十六年
十月；《清宮鳥譜》，北京，故宮出版社，2014 年 10 月。

　　探討鳥類的特徵，不能忽視鳥身部位漢滿詞彙的涵義。
人嘴，滿文讀作"angga"，鳥嘴，《鳥譜》作觜，滿文讀作
"engge"。黑觜，滿文讀作"engge sahaliyan"。紅觜，滿文讀作
"engge fulgiyan"。"engge fulgiyan"，漢文又作「丹觜」。玉色
觜，滿文讀作"engge šeyeken boco"，意即「稍白觜」。玉觜，
滿文讀作"engge šayan"，意即「白觜」。黑蒼觜，滿文讀作"engge
sahahūkan yacin"，意即「淡黑青觜」。喙，是指鳥獸尖長的觜
巴，滿文譯作"engge"，意即「觜」。《鳥譜》中「喙」，或譯作
"engge"，或譯作"engge i dube"，句中"dube"，亦即「尖端」，
"engge i dube"，意即「喙尖」。赤喙，滿文讀作"engge
fulgiyan"，意即「紅觜」。觜喙，滿文讀作"engge i dube"，意
即「觜」或「喙」的尖端。紅喙，滿文讀作"engge fulgiyan"，
意即「紅觜」。黑喙，滿文讀作"engge i dube sahaliyan"，意即
「黑喙尖」。鳥觜，又稱為「咮」，上咮，滿文讀作"engge i
dergi"，意即「上觜」。下咮，滿文讀作"engge i fejergi"，意即
「下觜」。丹咮，滿文讀作"engge fulgiyan"，意即「紅觜」。

朱咮，滿文讀作"engge fulgiyan"，意即「紅觜」。黑咮，滿文讀作"engge sahaliyan"，意即「黑觜」。籲口，滿文讀作"engge narhūn"，意即「細喙」。觜根，滿文讀作"engge i da"。白根，滿文讀作"engge i da šayan"，意即「白色觜根」。吻間，滿文讀作"engge i hošo"，意即「觜角」。通過滿文的繙譯，有助於了解漢文的詞義。

　　眼、目、睛、眼睛的詞義，頗為近似，滿文的繙譯，亦不規範。《鳥譜》中「眼」，滿文多譯作"yasa"，譬如：火眼，滿文讀作"eldengge yasa"，意即「光眼」，意思是「發光的眼」。目，滿文譯作"yasa"，意即「眼」，譬如：深目，滿文譯作"yasa šungkutu"，意即「凹陷的眼」。睛，滿文譯作"yasai faha"，意即「眼珠子」，朱目，滿文譯作"yasai faha fulgiyan"，意即「紅眼珠子」。黑目，滿文譯作"yasai faha sahaliyan"，意即「黑眼珠子」。

　　滿文"senggele"，意即「鳥冠」。"gunggulu"，意即「禽鳥的鳳頭」。《鳥譜》中鳥冠與鳳頭的滿文繙譯，並不規範。譬如：翠髻，滿文譯作"fiyangga senggele"，意即「彩冠」。肉冠，滿文譯作"yali senggele"。朱冠，滿文譯作"gunggulu fulgiyan"，意即「紅鳳頭」。幘，是包髮的巾，《鳥譜》滿文譯作"gunggulu"，意即「鳳頭」，或「鳥冠」。角毛，滿文譯作"gunggulu"，意即「鳳頭」，或「鳥冠」。

　　鳥頂，鳥首、頭頂、丹頂、紅頂、頂花等詞彙的滿文繙譯，亦不規範。其中「頂」，滿文譯作"uju"，又作"tosi"。首、頭頂，俱譯作"uju"。滿文"uju"，意即「頭」；"tosi"，意即「頂」，是指馬匹的毛色特點。丹首，滿文譯作"uju fulgiyan"，意即「紅頭」。頭頂，滿文譯作"ujui ninggu"，意即「頂端」。丹頂，

滿文譯作"tosi fulgiyan"，意即「紅頂」。頂花，滿文譯作"uju i alha funggaha"，意即「頭頂的花羽毛」。

　　頸、項的部位不同，頭下、肩上的部分，就是頸。項，就是頸的後部。頸，又稱為「脖子」，前半部叫做「頸」，後半部叫做「項」。《鳥譜》中「頸」、「項」的滿文繙譯，並不規範。頸，滿文譯作"meifen"，又譯作"monggon"。滿文"meifen"，意即「脖頸」。"monggon"，意即「脖項」。項，滿文譯作"meifen"，又譯作"monggon"。譬如：桃紅項，滿文譯作"meifen jamu"，意即「桃紅色的頸項」。翠鬣，滿文讀作"meifen i niowari"，意即「翠項」。鳥獸頸項的毛，叫做「鬣」。此滿漢文義不合。

　　《鳥譜》中"meifen"與"monggon"的部位，混淆不清。咽喉，簡稱「咽」，在口腔的深處，在食道的上端，就是「喉嚨」。《鳥譜》中「咽」，滿文譯作"monggon"，文義不合。

　　頰，滿文譯作"šakšaha"，意即「面頰」，指面的兩旁，是顴骨以下的部分。頷，滿文譯作"sencehe"，意即「下巴」，指頰下頸上的部位。嗉，滿文譯作"konggolo"，意即「嗉囊」，是鳥類的食道中成為囊狀的一部分，是存留食物的器官。胡袋，滿文譯作"amba konggolo"，意即「大嗉囊」。「嗉」，《鳥譜》又譯作"monggon"，文義不合。頷下的垂肉，叫作「胡」。懸胡，《鳥譜》滿文譯作"labdahūn"，意即「下垂的」，文義相近。離披，又作「披離」，是分散的樣子。《鳥譜》「離披」，滿文譯作"labdahūn"，意即「下垂的」。

　　胸，是指身體前面腹上頸下的部分，叫做胸脯。臆是指前胸的部分，叫做胸臆，膺就是胸部。《鳥譜》中「胸」、「胸臆」「膺」，滿文俱譯作"alajan"，意即「禽鳥的胸脯」，其中「膺」，

滿文又譯作"tunggen"，意即「胸脯」。漢文中相似詞彙頗多，滿文簡易。譬如：「紅臆」，滿文譯作"alajan fulgiyan"，意即「紅胸脯」。「胸釜」，滿文譯作"alajan muheliyen"，意即「胸圓」。

脅是胸腔兩旁的肋骨的部分，《鳥譜》中「脅」，滿文譯作"ebci"，意即「肋骨」，或「側翼」，文義相近。肩是軀幹和手臂相連的部分。翼、翅，滿文俱譯作"asha"，滿文"asha i da"，意即「翅根」。《鳥譜》漢文或作「膊」，或做「肩」。「膊」，是上肢，即胳臂。《鳥譜》中「肩」，滿文又譯作"meiren"，意即「肩膀」，滿漢文義相合。翅尖，《鳥譜》滿文譯作"asha i dube"，意即「翅的尖端」，或「翅的末端」，滿漢文義相合。布翅，滿文譯作"asha onco"，意即「寬翅」。

《鳥譜》中「白尖」、「白莖尖」、「白莖」、「黑尖」、「黑莖」、「芒銛」、「淡黃尖」等詞彙的滿文繙譯，並不規範。「白尖」，滿文或譯作"dubei ergi šanyan"，意即「尖端白的」；或譯作"šanyan solmin"，意即「白毛梢」；或譯作"šanyan dube"，意即「白尖端」；或譯作"dube šanyan"，意即「尖端白的」。「白莖尖」，滿文譯作"dube šanyan"，意即「尖端白的」。「白莖」，滿文譯作"kitala šayan"，意即「白翮」，「翮」是羽毛的莖，又作翎管、毛管，滿文又譯作"niongnio"。「黑尖」，滿文譯作"solmin sahaliyan"，意即「毛梢黑的」。「黑莖」，滿文譯作"kitala sahaliyan"，意即「黑翮」。「芒銛」，滿文譯作"solmin"，意即「毛梢」。「淡黃尖」，滿文譯作"gelfiyen suwayan i solmin"，意即「淡黃色的毛梢」。白尖或黑尖的「尖」，是指羽毛的尖端，滿文或譯作"dube"，或譯作"solmin"，並不規範。

滿文"asha"，意即「翅膀」。《鳥譜》漢文或作「翼」，或作「翅」。"asha i dethe"漢文作「翅毛」。"asha dethe"漢文作

「翅翎」。"ashai da"，漢文作「翅根」。滿文"funggaha"，意即「羽毛」。《鳥譜》中"funggaha"，漢文或作「毛」，或作「羽」。譬如：「毛根」，滿文譯作"funggaha i da"；「翠綠毛」，滿文譯作"niowari niowanggiyan funggaha"；「長纓」，滿文譯作"golmin funggaha"，意即「長毛」。纓毛，滿文譯作"sorson i gese funggaha"，意即「似纓之毛」。頂花，滿文譯作"uju i alha funggaha"，意即「頭頂花毛」，滿漢文義頗有出入。翠衿，滿文譯作"funggaha niowari"，意即「翠毛」，滿漢文義不合。滿文"dethe"，意即「翎、羽」。毛根，滿文譯作"dethe i da"，意即「翅翎之根」，或「羽毛之根」，簡稱「翎根」、「羽根」。毛末，滿文譯作"funggala i dube"，意即「翎末」。"dethe"，指鳥的羽毛，"funggala"，則指「翎毛」。

花、紋、斑、點的滿文繙譯，也是混淆難分，其中「花」，滿文多譯作"alha"，意即「花白的」或「五顏六色的」。《鳥譜》中"alha"，漢文多作「紋」，譬如："suwayan alha"，漢文作「黃紋」；"narhūn alha"，漢文作「細紋」；"ceri alha"，漢文作「羅紋」。"bederi"，意即「斑紋」，與"alha"詞義接近，以致「紋」，滿文又譯作"bederi"，譬如：「青紋」，滿文譯作"yacin bederi"；「青綠紋」，譯作"yacikan niowanggiyan bederi"；「翠白紋」，譯作"niowari šanyan bederi"。滿文"kuri"，意即「有斑紋的」。"kuri"與"bederi"，詞義相近，漢文中「斑」，滿文或譯作"bederi"，或譯作"kuri"。譬如：「蒼斑」，滿文或譯作"sahaliyakan bederi"，或譯作"sahahūkan kuri"；「水紅斑」，滿文譯作"fulahūn kuri"；「黑斑」，譯作 sahaliyan bederi"；「斑文」，譯作"kuri bederi"；「綠斑」，譯作"niowanggiyan kuri"；「蒼白斑」，譯作"sahahūkan šanyan kuri"。滿文"mersen"，意即「雀斑」，其詞義與"bederi"或"kuri"相近。《鳥譜》中"mersen"，漢文或作

「斑」，或作「點」，譬如：“sahaliyan mersen”，漢文作「黑斑」；“fulgiyan mersen”，漢文作「赤點」；“muheliyen mersen”，漢文作「圓點」；“šanyan mersen”，漢文作「白點」；“fulgiyan mersen”，漢文作「紅點」。對照滿文，「點」就是「斑點」。《鳥譜》中「白襴」，「襴」，是衣和裳相連的衣服。「白襴」，滿文譯作“šanyan bederi”，意即「白紋」或「白斑」。「碎白點」，滿文譯作“ajige šayan mersen”，意即「小白點」。

　　鳥足是禽鳥下肢的總名，又單指踝骨以下的部分，脛則指從腳跟到膝的小腿。《鳥譜》中「足」、「脛」，滿文俱作“bethe”，意即「足」、「腳」、「腿」。「蒼足」，滿文譯作“bethe sahaliyan”，意即「黑足」。「脛」，滿文又譯作“sira”，意即「小腿」。「爪」，滿文譯作“ošoho”，意即「爪指」。「纖爪」，滿文譯作“ošoho narhūkan”。「距」，是公雞或雄禽腳爪後面突出像腳趾的部分，滿文譯作“fakjin”。「懸距」，滿文亦譯作“fakjin”。「跂」，是腳上多出的趾，滿文譯作“ošoho”。「趾」是腳趾頭，《鳥譜》中滿文或譯作“fatha”，意即「鳥爪」。滿文又譯作“wasiha”，意即「爪子」，譬如：「趾根」，滿文譯作“wasiha i da”，意即「爪根」。「趾」，滿文又譯作“ošoho”，意即「爪指」。「後趾」，滿文譯作“ferge”，意即「後爪」。「幕皮」，滿文譯作“holboho sukū”，意即「連結的皮」。「表裏」，滿文譯作“tuku doko”。《鳥譜》中「裏」，滿文譯作“nunggari”，意即「茸毛」。「尾毛」，滿文譯作“uncehen i funggala”，意即「尾翎」。「翠毛」，滿文譯作“niowari funggala”，意即「翠翎」。「細毳」，滿文譯作“narhūn nunggari”，意即「細茸毛」。「茸毛」，《鳥譜》作「茸毛」（nunggari），意即「細的羊毛」。細毳與茸毛，詞義相近。「幕皮」是連結的皮，譬如：「趾間幕皮」，滿文譯作“fatha i holbome banjiha sukū”，意即「趾間連結生長的皮」。《鳥譜》漢文圖說，通過滿文的繙譯，確實有助於了解鳥身部位名稱的詞義。

璀璨奪目：鳥類色彩漢滿名稱對照表

順次	漢文	滿文	羅馬字轉寫	備註
1	金翠色		gincihiyan niowari boco	
2	金碧色		suwayan niowanggiyan boco	
3	青黑		yacikan sahaliyan	
4	丹		fulgiyan	
5	朱		fulgiyan	
6	赤色		fulgiyan boco	

順次	漢文	滿文	羅馬字轉寫	備註
7	純白		buljin šanyan	
8	灰色		fulenggi boco	
9	灰白色		šanyakan fulenggi boco	
10	深灰色		tumin fulenggi boco	
11	慘灰色		gelfiyen fulenggi boco	
12	深黑		tumin sahaliyan	
13	黑		sahaliyan	

順次	漢文	滿文	羅馬字轉寫	備註
14	青灰色		yacikan fulenggi boco	
15	白灰色		šanyakan fulenggi boco	
16	粉紅		gelfiyen fulahūn	
17	米白色		šanyakan suhun boco	
18	蒼色		sahahūkan boco	
19	暗白		bohokon šanyan	

順次	漢文	滿文	羅馬字轉寫	備註
20	淺碧色		gelfiyen niowari boco	
21	深藍色		tumin lamun boco	
22	瓦灰色		tumikan fulenggi boco	
23	淺白色		gelfiyen šanyan boco	
24	紅藕色		fulgiyakan gelfiyen fahala boco	

順次	漢文	滿文	羅馬字轉寫	備註
25	黑翠		sahaliyakan niowari	
26	翠碧色		niowanggiyakan niowari boco	
27	文彩		alha bulha	
28	藕紅灰白色		fulgiyakan gelfiyen fahala šanyakan fulenggi boco	
29	斑		bederi	
30	蒼灰色		sahahūkan fulenggi boco	

順次	漢文	滿文	羅馬字轉寫	備註
31	蒼褐色		sahahūkan funiyesun boco	
32	緗白		šanyakan	
33	縹青色		gelfiyen yacin boco	
34	白質		šanyan boco	
35	青色		fulaburu boco	
36	青黑色		yacikan sahaliyan boco	
37	青翠色		niowari fulaburu boco	

順次	漢文	滿文	羅馬字轉寫	備註
38	光彩		gincihiyan eldengge	
39	粉綠		gelfiyen niowanggiyan	
40	沉香色		soboro boco	
41	米色		suhun boco	
42	秋香色		sohokon	
43	牙色		suhuken boco	
44	米黃色		suwayakan suhun boco	

順次	漢文	滿文	羅馬字轉寫	備註
45	醬紅色		fulgiyakan misun boco	
46	深赭色		tumin fulahūkan boco	
47	蒼黑		sahahūri	
48	縹青色		gelfiyen yacikan boco	
49	茶綠色		niohokon boco	
50	深綠色		tumin niowanggiyan boco	
51	殷紅		tumin fulgiyan	

順次	漢文	滿文	羅馬字轉寫	備註
52	水紅		fulahūn boco	
53	蒼淺		gelfiyen sahahūkan	
54	淺黃		gelfiyen suwayan	
55	微紅色		majige fulgiyan boco	
56	鮮紅		umesi fulgiyan	
57	翠斑		niowari kuri	
58	翠青色		niowari yacin boco	

順次	漢文	滿文	羅馬字轉寫	備註
59	嫩綠		gelfiyen niowanggiyan	
60	柳綠		niowanggiyan	
61	蓮青		šulaburu	
62	鷹灰		fulenggi	
63	嬌黃		umesi suwayan	
64	茄花色		hasi boco	
65	脆綠		umesi niowanggiyan	
66	金紅		suwayakan fulgiyan	

順次	漢文	滿文	羅馬字轉寫	備註
67	鮮紅		umesi fulgiyan	
68	黃質		suwayan boco	
69	淡綠色		gelfiyen niowanggiyan boco	
70	淡黃		gelfiyen suwayan	
71	土白色		šanyakan boihon boco	
72	牙紅色		suhuken fulgiyan boco	

順次	漢文	滿文	羅馬字轉寫	備註
73	葵黃色		sohon boco	
74	鵞黃色		umesi suwayan boco	
75	色玉雪		boco der seme šeyen	
76	粉白		gelfiyen šanyan	
77	菊黃色		umesi suwayan	
78	雜色		hancingga boco	
79	深青		tumin lamun	

順次	漢文	滿文	羅馬字轉寫	備註
80	殷黑色		tumin sahaliyan boco	
81	純紅		buljin fulgiyan	
82	藍翠		lamukan niowari	
83	青蓮色		šulaburu boco	
84	甘黃色		suwayakan boco	
85	柳黃		sohon	
86	柳綠		niohon	

順次	漢文	滿文	羅馬字轉寫	備註
87	嫩綠色		ardashūn niowanggiyan boco	
88	紺黑色		sahaliyakan fulaburu boco	
89	翠青		yacikan niowari	
90	石綠色		niowanggiyakan boco	
91	天青色		genggiyen boco	
92	米紅色		fulgiyakan suhun boco	

順次	漢文	滿文	羅馬字轉寫	備註
93	黑碧		sahaliyan niowanggiyan	
94	紅褐色		fulgiyakan funiyesun boco	
95	青米色		yacikan suhun boco	
96	黃色嬌倩		suwayan boco ardashūn saikan	
97	純黑		buljin sahaliyan	
98	柿黃色		mooi hasi boco	

順次	漢文	滿文	羅馬字轉寫	備註
99	赤褐色		fulhūkan funiyesun boco	
100	赭色		eihen boco	
101	嬌黃		ardashūn suwayan	
102	杏黃		guilehe boco	
103	鮮紅		fulahūri	
104	丹		wehe cinuhūn	

順次	漢文	滿文	羅馬字轉寫	備註
105	丹砂		wehe cinuhūn	
106	薑黃		gelfiyen sohon	
107	純黃		buljin suwayan	
108	赭黃色		suwayakan eihen boco	
109	香色		soboro boco	
110	蒼褐色		sahaliyan funiyesun boco	

順次	漢文	滿文	羅馬字轉寫	備註
111	靛花色		giyen i boco	
112	紅質黑章		fulgiyan bederi sahaliyan bederi	
113	甘黃		tumin suwayan	
114	粉紅		gelfiyen fulgiyan	
115	甘草黃色		tumin suwayan boco	
116	黧色		sahahūri boco	
117	薑黃色		gelfiyen suwayan boco	

順次	漢文	滿文	羅馬字轉寫	備註
118	黑粉		sahaliyakan šanyan	
119	淺黑色		gelfiyen sahaliyan boco	
120	淺朱色		gelfiyen fulgiyan boco	
121	朱標色		umesi fulgiyan boco	
122	粉褐色		gelfiyen funiyesun boco	
123	粉黃		gelfiyen suwayan	
124	縹白		gelfiyen šanyan	

順次	漢文	滿文	羅馬字轉寫	備註
125	牙黃		suhuken suwayan	
126	黑蒼		sahaliyakan yacin	
127	玉色		šahūn boco	
128	蒼黑色		sahahūn sahaliyan boco	
129	米紅		suhuken fulgiyan	
130	極鮮		umesi gincihiyan	
131	赤紅		fulahūri	

順次	漢文	滿文	羅馬字轉寫	備註
132	紅藕色		fulgiyakan fahala boco	
133	赤黃		fulgiyakan suwayan	
134	赤赭色		fuliyakan eihen boco	
135	甚有文彩		boco umesi gincihiyan	
136	粉青		gelfiyen yacin	
137	紅翠色		fulgiyan niowanggiyan boco	

順次	漢文	滿文	羅馬字轉寫	備註
138	閃爍		giltari niowari	
139	紅赤		fulahūri	
140	珠點		mersen	
141	紅碧色		fulgiyan niowanggiyan boco	
142	蒼綠		sahahūkan niowanggiyan	
143	全黑		buljin sahaliyan	

順次	漢文	滿文	羅馬字轉寫	備註
144	柳綠色		gelfiyen niowanggiyan boco	
145	赭土色		eihen boco	
146	赭色		eihen boco	
147	微白		majige šanyan	
148	甚鮮		umesi gincihiyan	
149	鉗背色		huru fulahūri boco	
150	踈白色		gelfiyen šanyan boco	

順次	漢文	滿文	羅馬字轉寫	備註
151	紫赤		fulgiyakan šušu	
152	紫紅		fulgiyakan šušu	
153	粉紫		gelfiyen šušu	
154	米黃		suhun suwayan	
155	深紅色		fulahūri boco	
156	暗赤		bohokon fulgiyan	
157	紫粉		šanyakan šušu	

順次	漢文	滿文	羅馬字轉寫	備註
158	蘆花		cakiri	
59	天青		tumin lamun	
160	慘綠		bohokon niowanggiyan	
161	白章		šanyan alha	
162	老米色		humsuri suhun boco	
163	藻翰		alha dethe	
164	頸纏素		meifen cakū	
165	成章		alha bulha	

順次	漢文	滿文	羅馬字轉寫	備註
166	白文		šanyan alha	
167	莎青		tumin yacin	
168	白紋		šanyan alha	
169	淺栗色		gelfiyen yacin boco	
170	赤文		alha fulgiyan	
171	殷丹		tumin fulgiyan	

順次	漢文	滿文	羅馬字轉寫	備註
172	洒紅		fusure fulgiyan	
173	色花		boco alhata	
174	茶色		šangkūra boco	
175	深白		tumin šanyan	
176	深蒼		tumin sahahūkan	
177	雜花		suwaliyata alha	

順次	漢文	滿文	羅馬字轉寫	備註
178	花色		alha boco	
179	細花紋		narhūn alha	
180	沙背		šahūn hurungge	
181	紺黑		fulaburu sahaliyan	
182	羅紋		alhacan	
183	糠頭		šušu ujungga	

順次	漢文	滿文	羅馬字轉寫	備註
184	天藍色	ᡨᡠᠮᡳᠨ ᠯᠠᠮᡠᠨ ᠪᠣᠴᠣ	tumin lamun boco	

資料來源：《故宮鳥譜》，臺北，國立故宮博物院，民國八十六年十月；《清宮鳥譜》，北京，故宮出版社，2014 年 10 月。

　　天干甲（niowanggiyan），意即綠色的。乙（niohon），意即淺綠的，嫩綠的。丙（fulgiyan），意即紅的。丁（fulahūn），意即淡紅色的。戊（suwayan），意即黃色的。己（sohon），意即淡黃的。庚（šanyan），又作"šanggiyan"，意即白色的。辛（šahūn），意即淡白的。壬（sahaliyan），意即黑的。癸（sahahūn），意即淡黑色的。《鳥譜》中的禽鳥色彩，除了天干十位色彩外，還有其他多種色彩。

　　《鳥譜》中的綠色系列，詞彙頗多。表中「金碧」，滿文讀作"suwayan niowanggiyan boco"，意即黃綠色。「翠碧色」，滿文讀作"niowanggiyakan niowari boco"，意即翠綠色。「淺碧色」，滿文讀作"gelfiyen niowari boco"，意即淺綠色。"niowari"，漢文又作「翠」，"gelfiyen niowari"，又譯作「淺翠色」。"gincihiyan niowari boco"，漢譯作「金翠」。"gincihiyan"，意即光潔的，「金翠」，就是「光翠」。「黑翠」，滿文讀作"sahaliyakan niowari"。「青翠色」，滿文讀作"niowari

fulaburu boco"。「翠斑」,滿文讀作"niowari kuri"。「翠青」,
滿文讀作"niowari yacin boco",或作"yacikan niowari"。「藍
翠」,滿文讀作"lamukan niowari"。「紅翠」,滿文讀作"fulgiyan
niowanggiyan"。大致而言,漢字「翠」,滿文多譯作"niowari"。

　　綠色（niowanggiyan）,因濃淡不同,而有粉綠、嫩綠、
柳綠、脆綠、茶綠、深綠、淡綠、石綠、紅碧、蒼綠、慘綠
等等的差異,從滿文的繙譯,有助於了解《鳥譜》中禽鳥的
膚色,或羽毛色彩的變化。粉綠,滿文讀作"gelfiyen
niowanggiyan",意即「淺綠」,或「淡綠」。嫩綠,滿文讀作
"gelfiyen niowanggiyan",意即「淺綠」。嫩綠,滿文又讀作
"ardashūn niowanggiyan",意即「嬌嫩的綠色」。柳綠,滿文
讀作"niowanggiyan",意即「綠色的」。柳綠,滿文又讀作
"niohon",意即「淺綠的」、「嫩綠的」。柳綠,滿文亦讀作
"gelfiyen niowanggiyan",意即「淺綠」,或「淡綠」,與粉綠
雷同。脆綠,滿文讀作"umesi niowanggiyan",意即「鮮綠色
的」。茶綠,滿文讀作"niohokon",意即「淡綠」。案茶色,滿
文讀作"šangkūra", 茶綠, 滿文似當譯作"šangkūra
niowanggiyan"。深綠,滿文讀作"tumin niowanggiyan",意即
「濃綠」。淡綠,滿文讀作"gelfiyen niowanggiyan",意即「淺
綠」。粉綠、嫩綠、柳綠、淡綠,滿文俱譯作"gelfiyen
niowanggiyan",都是淺綠（niohon）的同義詞彙。石綠,滿
文讀作"niowanggiyakan boco",意即「略綠色的」,或「蘋果
綠」。紅碧,滿文讀作"fulgiyan niowanggiyan boco",意即「紅
綠色」。黑碧,滿文讀作"sahaliyan niowanggiyan",意即「黑
綠」。蒼綠,滿文讀作"sahahūkan niowanggiyan",意即「淡黑

綠」。慘綠，滿文讀作"bohokon niowanggiyan"，意即「暗綠」，是暗淡的綠色。慘，通「黲」，意即「色暗」或「淺青黑色」。通過滿文的繙譯，較易掌握鳥類羽毛色彩的差異。

《鳥譜》中紅色（fulgiyan）系列的詞彙，也是不勝枚舉。丹、朱、赤，滿文俱讀作"fulgiyan"，意即「紅色」。滿文"wehe cinuhūn"，漢文或作「丹砂」，或作「丹」，意即「朱砂」。《鳥譜》中鳥身紅色系列常見的詞彙頗多，包括：粉紅、紅藕色、醬紅色、殷紅、水紅、微紅、鮮紅、金紅、牙紅、純紅、米紅、紅褐色、赤褐、淺朱色、朱標色、赤紅、紅赤、紫赤、紫紅、深紅、暗赤、赤文、殷丹、洒紅等等。其中粉紅，滿文或作"gelfiyen fulgiyan"，意即「淡紅」，或「淺紅」。滿文或作"gelfiyen fulahūn"，意即「淺淡紅色」。水紅，滿文讀作"fulahūn"，意即「淡紅色」。鮮紅，滿文讀作"umesi fulgiyan"，意即「很紅」。鮮紅，滿文又讀作"fulahūri"，意即「火焰紅色」，又作「赤紅色」。赤紅、紅赤，滿文俱作"fulahūri"，意即「火焰紅色」。深紅，滿文讀作"fulahūri"，意即「赤紅色」。微紅，滿文讀作"majige fulgiyan"，意即「稍紅」。金紅，滿文讀作"suwayakan fulgiyan"，意即「黃紅」。牙紅，滿文讀作"suhuken fulgiyan"，意即「牙色紅」。純紅，滿文讀作"buljin fulgiyan"，意即「未經加工的原色紅」。紅藕色，滿文讀作"fulgiyakan fahala boco"，意即「略紅青蓮紫色的」。紅藕色，滿文又作"fulgiyakan gelfiyen fahala boco"，意即「略紅淺青蓮紫色」。醬紅色，滿文讀作"fulgiyakan misun boco"，意即「略紅絳色」。殷紅，滿文讀作"tumin fulgiyan"，殷丹，滿文亦讀作"tumin fulgiyan"，意即「深紅色」。米紅，滿文讀作"suhuken fulgiyan"，

意即「牙紅」。紅褐色，滿文讀作"fulgiyakan funiyesun boco"，意即「略紅褐色」。赤褐，滿文讀作"fulhūkan funiyesun boco"，句中"fulhūkan"，疑誤，應作"fulahūkan"，"fulahūkan funiyesun"，意即「銀紅褐色」。淺朱色，滿文讀作"gelfiyen fulgiyan boco"，意即「淺紅色」。朱標色，滿文讀作"umesi fulgiyan boco"，意即「鮮紅色」。紫赤、紫紅，滿文俱作"fulgiyakan šušu"。深紅，滿文讀作"fulahūri boco"，意即「赤紅色」。暗赤，滿文讀作"bohokon fulgiyan"，意即「暗紅」。洒紅，滿文讀作"fusure fulgiyan"，意即「噴洒的紅」。《鳥譜》中紅色系列詞彙，同義異名的變化，通過滿文繙譯後，較易掌握。

　　天干戊（suwayan）、己（sohon），在《鳥譜》中，屬於黃色系列，其詞彙頗多，包括：米黃、淺黃、嬌黃、黃質、淡黃、葵黃、鵝黃色、菊黃色、甘黃色、柳黃、柿黃色、杏黃、薑黃、純黃、赭黃色、甘草黃色、粉黃、牙黃、赤黃等等。其中米黃，滿文讀作"suwayakan suhun boco"，或作"suhun suwayan"，意即「米色黃」。淺黃、粉黃，滿文俱作"gelfiyen suwayan"，意即「淺黃」。薑黃，滿文或作"gelfiyen suwayan"，意即「淺黃」。或作"gelfiyen sohon"，意即「淺淡黃」。淡黃，滿文讀作"gelfiyen suwayan"，意即「淺黃」。葵黃、柳黃，滿文俱作"sohon"，意即「淡黃」。鵝黃、菊黃、嬌黃，滿文俱作"umesi suwayan"，意即「鮮黃」。黃質，滿文讀作"suwayan boco"，意即「黃色」。甘黃、甘草黃，滿文讀作"tumin suwayan"，意即「深黃」。甘黃，滿文又作"suwayakan"，意即「稍黃」。柿黃，滿文讀作"mooi hasi boco"，意即「柿子色」，

習稱「柿黃色」。杏黃，滿文讀作"guilehe boco"，意即「杏子色」，習稱「杏黃色」。純黃，滿文讀作"buljin suwayan"，意即「未經加工的原色黃」。赭黃，滿文讀作"suwayakan eihen"，意即「絳黃」。牙黃，滿文讀作"suhuken suwayan"，意即「牙色黃」。赤黃，滿文讀作"fulgiyakan suwayan"，意即「略紅色的黃」。將鳥身色彩的滿漢文互相對照後，可以了解《鳥譜》中黃色系列的常用詞彙。

天干庚（šanyan）、辛（šahūn）白色系列的詞彙，也值得重視。"šanyan"，又作"šanggiyan"，意即「白色的」。"šahūn"，意即「淡白的」，又作「月白的」。《鳥譜》中常見的白色系列詞彙，包括：白質、純白、灰白、白灰、米白、淺白、暗白、緗白、土白、粉白、縹白、玉色、微白、踈白、白章、白文、深白等等。其中白質，滿文讀作"šanyan boco"，意即「白色」。純白，滿文讀作"buljin šanyan"，意即「未經加工的原色白」。灰白、白灰，滿文俱讀作"šanyakan fulenggi"，意即「稍白灰」。緗白，滿文讀作"šanyakan"，意即「稍白」。淺白、粉白、縹白、踈白滿文俱讀作"gelfiyen šanyan"，意即「淺白」。暗白，滿文讀作"bohokon šanyan"，意即「暗淡的白」。土白，滿文讀作"šanyakan boihon boco"，意即「稍白土色」。玉色，滿文讀作"šahūn boco"，意即「淡白色」。米白，滿文讀作"šanyakan suhun boco"，意即「稍白米色」。微白，滿文讀作"majige šanyan"，意即「稍微白」。白章，滿文讀作"šanyan alha"，意即「白紋」。白文，滿文亦作"šanyan alha"，意即「白紋」。深白，滿文讀作"tumin šanyan"，意即「深濃的白」。對照滿文的繙譯，有助於了解漢文詞彙的意涵。

　　天干壬（sahaliyan）、癸（sahahūn），黑、淡黑色系列的詞彙，變化頗多。《鳥譜》中黑色系列的詞彙，包括：青黑、深黑、黑翠、蒼黑、殷黑、紺黑、黑碧、純黑、紅質黑章、鷽、黑粉、黑蒼、全黑等等。壬，滿文讀作"sahaliyan"，意即「黑的」。癸，滿文讀作"sahahūn"，意即「淡黑的」。青黑，滿文讀作"yacikan sahaliyan"。滿文"yacin"，漢譯或作「黑的」，或作「青的」。"yacikan"，漢譯或作「略黑的」，或作「微青的」。"yacikan sahaliyan"，意即「微青黑的」。深黑、殷黑，滿文俱作"tumin sahaliyan"，意即「深黑」。蒼色，滿文讀作"sahahūkan"，意即「淡黑的」。蒼灰，滿文讀作"sahahūkan fulenggi"，意即「淡黑灰色」。蒼褐，滿文讀作"sahahūkan funiyesun boco"，意即「淡黑褐色」。蒼淺，滿文讀作"gelfiyen sahahūkan"，意即「淺淡黑」。蒼綠，滿文讀作"sahahūkan niowanggiyan"，意即「淡黑綠」。蒼黑，滿文讀作"sahahūri"，意即「烏黑的」或「純黑的」。黑蒼，滿文讀作"sahaliyakan yacin"，意即「淡黑青色」。鷽，滿文讀作"sahahūri boco"，意即「烏黑色」，或「純黑色」。黑翠，滿文讀作"sahaliyakan niowari"，意即「淺黑嫩綠」。紺黑，滿文讀作"sahaliyakan fulaburu"，意即「淺黑紅青色」或「淺黑石青色」。黑碧，滿文讀作"sahaliyan niowanggiyan"，意即「黑綠」。純黑，滿文讀作"buljin sahaliyan"，全黑，滿文亦讀作"buljin sahaliyan"，意即「未經加工的黑色」。黑章，滿文讀作"sahaliyan bederi"，意即「黑斑紋」。黑粉，滿文讀作"sahaliyakan šanyan"，意即「淺黑白」。黑色的深淺濃淡，變化頗多。

　　《鳥譜》中禽鳥羽毛膚色的變化，除了天干十位的色彩

外，還有頗多常見的其他顏色。譬如：翠，滿文讀作"niowari"，意即「嫩綠的」。天干乙，滿文讀作"niohon"，意即「淺綠的」。深藍色，滿文讀作"tumin lamun boco"。天藍色，滿文亦讀作"tumin lamun boco"。青出於藍，天青色，滿文讀作"tumin lamun"，意即「天藍色」，或「深藍色」。《鳥譜》中的「天青色」，滿文又譯作"genggiyen boco"，意即「石青色」。滿文"yacin"，意即「烏黑的」，或「黝黑的」。《鳥譜》中的"yacin"，漢文多作「青」。「莎青」，滿文讀作"tumin yacin"，意即「深青」。縹青，滿文讀作"gelfiyen yacin"，意即「淺青」。粉青，滿文亦讀作"gelfiyen yacin"，意即「淺青」。淺栗色，滿文讀作"gelfiyen yacin boco"，意即「淺青色」。翠青，滿文或譯作"niowari yacin"，或譯作"yacikan niowari"。青色，又譯作"fulaburu boco"，意即「石青色」。青翠，滿文又譯作"niowari fulaburu"。在《鳥譜》中紫色（šušu）系列的詞彙，亦屬常見，譬如：糠頭，滿文譯作"šušu ujungga"，意即「紫色頭」。紫粉，滿文讀作"gelfiyen šušu"，意即「淺紫」。紫赤、紫紅，滿文讀作"fulgiyakan šušu"，意即「略紅紫」。滿文"eihen"，意即「驢」。"eihen boco"，意即「絳色」，又作「醬色」（misun boco）。"eihen boco"，《鳥譜》作「赭色」，又作「赭土色」。深赭色，滿文讀作"tumin fulahūkan boco"，意即「深銀紅色」。滿文"hasi"，意即「茄子」。茄花色，滿文讀作"hasiri"，《鳥譜》作"hasi boco"，異。灰色，滿文讀作"fulenggi boco"。《鳥譜》中，「鷹灰」，滿文讀作"fulenggi"，意即「灰」。褐，滿文讀作"funiyesun"，粉褐色，滿文讀作"gelfiyen funiyesun boco"，意即「淺褐色」。淺褐色，《鳥譜》滿文作"gelfiyen sahaliyan boco"，意即「淺黑色」，疑誤。柿黃色，《鳥譜》滿文讀作"mooi hasi boco"，意即「柿色」。秋香色，滿文讀作"soboro boco"，《鳥譜》滿文作"sohokon"，異。"soboro boco"，意即「秋香色」，《鳥譜》漢文作「沉香色」。對照滿漢文詞彙，有助於了解《鳥譜》鳥身色彩的特色。